Superfood-Kochbuch

150 Rezepte für ein gesundes Leben

tosa

Erstveröffentlichung unter dem Titel:
„150 Superfood Recipes"
© Southwater, ein Imprint von
Anness Publishing Ltd 2014

Genehmigte Lizenzausgabe
tosa GmbH
Industriestraße 19
64407 Fränkisch-Crumbach 2015
www.tosa-verlag.de

ISBN 978-3-86313-499-0

Übersetzer: Andreas Ehrlich
Rezepte: Catherine Atkinson, Alex
Barker, Ghillie Basan, Georgina Camp-
bell, Judith H Dern, Joanna Farrow, Jenni
Fleetwood, Brian Glover, Nicola Graimes,
Anja Hill, Christine Ingram, Becky Johnson, Bridget
Jones, Emi Kazuko, Lucy Knox, Bridget White Lennon,
Sara Lewis, Elena Makhonko, Jane Milton, John Nielsen,
Maggie Pannell, Carol Pastor, Keith Richmond, Rena
Salaman, Ysanne Spevack, Marlena Spieler, Christopher
Trotter, Sunil Vijayakar, Jenny White, Kate Whiteman,
Carol Wilson, Jeni Wright and Annette Yates.
Fotos: Peter Anderson, Martin Brigdale, Nicky Dowey,
Gus Filgate, Amanda Heywood, William Lingwood,
Thomas Odulate, Charlie Richards, Craig Robertson,
Simon Smith, Jon Whitaker, Mark Wood.

Hinweise
- Für die in diesem Buch verwendeten Löffelmaße gilt: 1 EL = 15 ml, 1 TL = 5ml.
- Die Temperaturangaben beziehen sich auf Ober- und Unterhitze, die Temperatur für Umluft ist separat angegeben. Im Zweifelsfall ziehen Sie die Betriebsanleitung Ihres Ofens zu Rate.
- Die Nährwertangaben beziehen sich – sofern nicht anders angegeben – auf jeweils eine Portion, ein Stück etc. Wird eine Spanne genannt, beispiels- weise 4–6 Portionen, beziehen sich die Angaben auf die kleinere Portionsgröße, in diesem Fall auf 6 Portionen. Die Natrium-Angaben berücksichtigen nicht die nachträgliche Zugabe von Salz („nach- salzen"). Soweit nicht anders angegeben, handelt es sich bei Eiern um Eier der Gewichtsklasse M.

Wichtig: Schwangere, Senioren und Kleinkinder sollten Gerichte meiden, die rohe oder nur leicht gekochte Eier enthalten.

Inhalt

Einleitung

Die wissenschaftliche Untersuchung von Lebensmitteln und deren Auswirkungen auf unsere Gesundheit ist gut dokumentiert und reicht zurück bis in das 18. Jh. Damals begannen Gelehrte, die Auswirkungen von Fehlernährung zu studieren. So erkannte man beispielsweise, dass der Verzehr von Zitrusfrüchten bei Skorbut hilft. Allerdings verstand man erst mit der Entdeckung des Vitamin C in den späten 1920er-Jahren, warum das so ist. Zur damaligen Zeit wurden viele Basisfaktoren einer gesunden Ernährung und der Krankheitsvorsorge erforscht.

Und dank immer modernerer Technik und ausgefeilterer Forschungsmethoden werden bis heute neue Entdeckungen auf diesem Gebiet gemacht. Das hat auch zur Folge, dass die „Heilsamkeit", die man bestimmten Lebensmitteln traditionell zugeschrieben hatte – sogenannten Superfoods –, sich als Ernährungsmythos herausgestellt hat.

Dabei sollte festgehalten werden, dass es für den immer populärer werdenden Begriff „Superfood" keine offizielle oder rechtlich bindende Definition gibt. Man versteht man darunter nährstoffreiche Lebensmittel, die eine positive Auswirkung auf Gesundheit und Wohlbefinden haben.

Orangensaft ist eine schnell verfügbare Quelle für Vitamin C.

GESUNDE LEBENSMITTEL
Es gibt eine Vielzahl von Lebensmitteln, deren Inhaltsstoffe förderlich für Gesundheit und Wohlbefinden sind.

Antioxidantien
Lebensmittel mit einem hohen Anteil an Antioxidantien gehören meist zu Obst und Gemüse. In der Tat erhielten diese beiden Lebensmittelgruppen als Erstes die Bezeichnung „Superfood". Antioxidantien sind deshalb so wichtig für unsere Gesundheit, weil sie in der Lage sind, freie Radikale im Körper zu binden. Diese entstehen durch äußere Einflüsse wie das Rauchen, aber auch im Rahmen körpereigener Prozesse. Man geht davon aus, dass ein Überschuss an freien Radikalen die Bildung von Krebs begünstigt, und schätzt, dass ein Drittel aller Krebserkrankungen durch eine obst- und gemüsereiche Ernährung vermieden werden könnten. Viele Vitamine wirken antioxidantiv, z. B. Vitamin A, C und E. Auch einige Mineralstoffe wie Selen helfen, potenziell schädlichen Stoffen entgegenzuwirken, sodass diese nicht zu Krankheiten wie Krebs führen.

Flavonoide
Diese Pflanzenstoffe, auch als Polyphenole bekannt, finden sich in Nahrungsmitteln und Getränken wie Tee, Wein und Schokolade. Auch sie wirken antioxidativ, spielen aber darüber hinaus bei der zellulären Signalübertragung eine wichtige Rolle. Studien haben gezeigt, dass sie Zellsignale regulieren und das Zellwachstum beeinflussen – was sich möglicherweise auf das Auftreten von Krebs auswirken kann. Flavonoide senken zudem das Koronarinfarktrisiko und wirken einer Arteriosklerose entgegen. Ein positiver Effekt auf Gehirnerkrankungen wie Alzheimer und Parkinson wird ebenfalls diskutiert.

Beeren mit einer hohen antioxidativen Aktivität schützen vor freien Radikalen.

Phytosterole
Diese wichtigen chemischen Verbindungen, die man unter anderem in Weizenkeimen und braunem Reis findet, haben möglicherweise die Fähigkeit, den Cholesterinspiegel zu senken. Sie sind die pflanzliche Entsprechung des tierischen Cholesterins und kommen vor allem in Samen und Ölen vor, in geringeren Mengen in Obst und Gemüse.

Isoflavone (Phytoöstrogene)
Stark antioxidativ wirken auch diese Stoffe, die beispielsweise in Sojabohnen, Alfalfa und Kichererbsen enthalten sind. Sie haben zudem eine hormonelle Wirkung, die hilft, den Cholesterinspiegel zu regulieren und negative Auswirkungen der Menopause wie Osteoporose zu mildern.

Ballaststoffe
Ballaststoffe unterstützen den Körper bei vielen wichtigen Funktionen – z. B. bei der Verdauung und dem Zuckerstoffwechsel, was besonders für Typ-II-Diabetiker interessant ist. Ballaststoffe können auch schlechten Blutfetten und Bluthochdruck entgegenwirken sowie das Risiko, an bestimmten Krebsarten zu erkranken, senken.

Gesunde Fette
Auch wenn vielen von uns eine fettärmere Ernährung guttäte, wissen wir heute, dass es genauso wichtig ist, welche Art Fette wir essen. Generell sollten wir weniger gesättigte und mehr

einfach und mehrfach ungesättigte Fettsäuren zu uns nehmen. Denn diese gesunden Fette, die sich in Olivenöl, Fischöl, Leinsamen und Walnüssen finden, wirken sich positiv auf den Cholesterinspiegel sowie zahlreiche weitere Stoffwechselprozesse aus.

Die Omega-3-Fette (die zu den mehrfach ungesättigten Fetten gehören) sind dabei besonders hervorzuheben, da sie den Körper auf vielfältige Weise unterstützen.

SUPERFOODS
Zahlreiche Lebensmittel sind besonders nährstoffreich und werden daher auch als Superfoods bezeichnet.

Obst und Gemüse
Obst ist eine exzellente Energiequelle und enthält wertvolle Ballaststoffe sowie Antioxidantien, die vermutlich das Risiko für Herzkrankheiten und bestimmte Krebsarten senken. Auch Gemüse ist ein wichtiger Bestandteil einer gesunden Ernährung mit zahllosen Vorzügen, vor allem wenn es frisch zubereitet wird.

Getreide
Die Früchte dieser Süßgräser stecken voller Energie und sind eine wichtige Quelle für stärkehaltige Kohlenhydrate, Proteine, Vitamine und Mineralstoffe. Am meisten profitieren wir davon, wenn wir das volle, unraffinierte Korn essen.

Hülsenfrüchte
Linsen und Bohnen bieten nicht nur eine große Auswahl an verschiedenen Aromen und Texturen, sondern sind auch reich an komplexen Kohlenhydraten, Vitaminen und Mineralstoffen. Zusammen mit den ebenfalls enthaltenen Phytonährstoffen machen diese Inhaltsstoffe Hülsenfrüchte zu einem wertvollen Lebensmittel für eine gesunde Ernährung.

Bevorzugen Sie möglichst Kohlenhydrate aus Vollkornprodukten.

Nüsse und Samen
Die Fruchtkerne von Nussbäumen haben einen hohen Gehalt an ungesättigten Fetten, B-Vitaminen, Vitamin E, Kalium, Magnesium, Calcium, Phosphor und Eisen. Auch sind Nüsse reich an Ballaststoffen und Phytosterolen. Entsprechend wirkt sich der regelmäßige Verzehr günstig auf die Herzgesundheit aus. Aber auch Samen sind wahre Kraftpakte voller Vitamine, Mineralien, Protein und gesundheitsförderlicher Öle.

Gewürze und Öle
Gewürze spielen eine wichtige Rolle bei der Speisenzubereitung, werden darüber hinaus aber auch wegen ihrer gesundheitlichen Vorzüge geschätzt. Diese werden häufig den intensiv duftenden flüchtigen Ölen zugeschrieben, die in den Gewürzen enthalten sind. Öle, die ein hohes Maß an einfach ungesättigten Fettsäuren enthalten (wie Olivenöl), reduzieren Studien zufolge das „schlechte" LDL-Cholesterin. Auch verfügen sie dank ihres Polyphenolgehalts über entzündungshemmende Eigenschaften und halten die Blutgefäße elastisch.

Milchprodukte
Milchprodukte sind – in Maßen genossen – eine wichtige Nährstoffquelle, unter anderem für Calcium, Vitamin B12 sowie die Vitamine A und D. Vor allem für Vegetarier sind sie zudem ein wichtiger Proteinlieferant.

Für eine gesunde, ausgewogene Ernährung wählen Sie am besten fettreduzierte Produkte.

TIERISCHES EIWEISS
(Geflügel-)Fleisch versorgt uns mit hochwertigem Protein, das alle essenziellen Aminosäuren enthält. Auch liegt das ebenfalls enthaltene Eisen in einer Form vor, die von unserem Körper sehr gut aufgenommen werden kann. Darüber hinaus ist (Geflügel-)Fleisch eine gute Quelle für Zink, Magnesium sowie eine Reihe von B-Vitaminen – inklusive B12, das sich nur sehr selten in pflanzlichen Lebensmitteln findet. Fische und Meeresfrüchte lassen sich in drei große Kategorien unterteilen: Weißfische, Fettfische und Meeresfrüchte. Weißfische sind fettarm, reich an Eiweiß und leicht verdaulich. Im Gegensatz dazu enthalten Fettfische mehr Fett. Allerdings handelt es sich dabei um „gutes" Fett, die sogenannten Omega-3-Fettsäuren, von denen wir alle mehr zu uns nehmen sollten. Denn sie bewirken und erhalten die Funktionstüchtigkeit von Gehirn und Augen und wirken sich positiv auf die Herzgesundheit aus. Auch Meeresfrüchte sind reich an Omega-3-Fettsäuren sowie an Eiweiß.

Fettfische wie die Makrele sind reich an essenziellen Aminosäuren.

Wichtige Mineralstoffe und Vitamine

Um gesund zu bleiben, benötigt unser Körper eine Reihe von Mineralstoffen und Vitaminen, die wir ihm fast alle über das Essen zuführen können. Bei einer ausgewogenen Ernährung besteht also keinerlei Notwendigkeit für die Einnahme von Nahrungsergänzungsmitteln (eine Ausnahme stellt bei Vegetariern das Vitamin B12 dar, da es nur in tierischen Produkten und Hefeextrakten enthalten ist). Versuchen Sie also, täglich eine vielfältige Auswahl an Obst und Gemüse zu sich zu nehmen – insbesondere buntes und dunkelgrünes –, um eine ausreichende Versorgung sicherzustellen. Die folgende Übersicht zeigt die gesundheitliche Bedeutung des jeweilige Mineralstoffs/Vitamins, welche Lebensmittel einen besonders hohen Gehalt haben und welche Symptome für einen Mangel sprechen.

MINERAL	QUELLEN	GESUNDHEITLICHE BEDEUTUNG	MANGELSYMPTOME
Calcium	Ölsardinen (mit Gräten), Milchprodukte, grünes Blattgemüse, Sesamkörner, Trockenfeigen und Mandeln	Wichtig für die Knochen- und Zahngesundheit, die Muskelfunktion und das Nervensystem.	Weiche, spröde Knochen, Osteoporose, Knochenbrüche und Muskelschwäche
Chlorid	Nüsse, Vollkornprodukte, Bohnen, Erbsen, Linsen, Tofu und Schwarztee	Reguliert den Wasserhaushalt.	Ein Mangel ist selten.
Jod	Meeresfrüchte, Seegras und Jodsalz	Beeinflusst die Produktion der Schilddrüsenhormone	Stoffwechselträgheit sowie trockene Haut und Haare
Eisen	Fleisch, Innereien, Sardinen, Eigelb, angereicherte Cerealien, Blattgemüse, getrocknete Aprikosen, Tofu und Kakao	Wichtig für den Sauerstofftransport und dessen Speicherung in den Muskeln.	Anämie, Müdigkeit, schwaches Immunsystem
Magnesium	Nüsse, Samen, Vollkornprodukte, Bohnen, Erbsen, Linsen, Tofu, getrocknete Feigen und Aprikosen, grünes Gemüse	Wichtig für gesunde Muskeln, Knochen und Zähne, das Nervensystem sowie das Wachstum	Trägheit, schwache Muskeln und Knochen, Depressionen, Reizbarkeit
Mangan	Nüsse, Vollkornprodukte, Bohnen, Linsen, brauner Reis, Tofu, Schwarztee	Wesentlicher Bestandteil der für die Energiegewinnung zuständigen Enzyme	Keine spezifischen Symptome
Phosphor	In den meisten Nahrungsmitteln enthalten, insbesondere in magerem Fleisch, Geflügel, Fisch, Eiern, Milchprodukten und Nüssen	Wichtig für gesunde Knochen und Zähne, die Energiegewinnung und die Nährstoffaufnahme	Ein Mangel ist selten.
Kalium	Bananen, Milch, Bohnen, Erbsen, Linsen, Nüsse, Samen, Vollkornprodukte, Kartoffeln, Obst und Gemüse	Wichtig für den Wasserhaushalt, die Regulierung des Blutdrucks und die Nervenleitung	Schwäche, Durst, Müdigkeit, geistige Verwirrtheit, erhöhter Blutdruck
Selen	Fleisch, Fisch, Zitrusfrüchte, Avocados, Linsen, Milch, Käse, Paranüsse, Seegras	Schützt vor freien Radikalen und möglicherweise vor Krebs (Antioxidans)	Geringer antioxidativer Schutz
Natrium	In den meisten Nahrungsmitteln vorhanden, vor allem in industriell verarbeiteten	Wichtig für die Nerven- und Muskelfunktion sowie den Wasserhaushalt	Ein Mangel ist unwahrscheinlich, kann aber zu Dehydration und Krämpfen führen.
Zink	Mageres Fleisch, Austern, Erdnüsse, Käse, Vollkornprodukte, Samen, Bohnen, Erbsen und Linsen	Wichtig für das Immunsystem, das Wachstum, die Wundheilung und die Fortpflanzung	Wachstumsstörungen, langsame Wundheilung, eingeschränkter Geruchs- und Geschmackssinn

VITAMIN	QUELLEN	GESUNDHEITLICHE BEDEUTUNG	MANGEL-SYMPTOME
A (Retinol bzw. Beta-Carotin)	Tierische Quellen: Leber, Fettfisch, Milch, Butter, Käse, Eigelb, Margarine Pflanzliche Quellen: grünes und orange-fleischiges Obst und Gemüse	Wichtig für die Sehkraft, Knochenwachstum, Haut- und Gewebeheilung; Beta-Carotin wirkt antioxidativ und schützt das Immunsystem	Schlechte Nachtsicht, trockene Haut und häufige Infekte – vor allem der Atemwege
B1 (Thiamin)	Mageres Fleisch (besonders Schwein), Vollkornprodukte, angereichertes Brot und Cerealien, Bierhefe, Kartoffeln, Nüsse, Bohnen, Erbsen, Linsen, Milch	Wichtig für die Energie-gewinnung, das Nervensystem, Muskeln und das Herz; fördert das Wachstum und die geistigen Fähigkeiten	Depressionen, Reiz-barkeit, Nervenstörun-gen, Gedächtnisverlust; häufig bei Alkoholikern
B2 (Riboflavin)	Fleisch (besonders Leber), Milchpro-dukte, Eier, angereichertes Brot und Cerealien, Hefeextrakt und Mandeln	Wichtig für die Umwand-lung von Fetten, Eiweißen und Kohlenhydraten sowie für die Hautheilung	Antriebslosigkeit, trockene, spröde Lippen, Taubheit und juckende Augen
Niacin (Nikotinsäure, auch B3 genannt)	Mageres Fleisch, Fisch, Bohnen, Erb-sen, Linsen, Kartoffeln, angereicherte Frühstückscerealien, Weizenkeime, Nüsse, Milch, Eier, Erbsen, Pilze, grünes Blattgemüse, Feigen und Pflaumen	Wichtig für die Verdauung, die Energiegewinnung und die Haut; sorgt für eine gute Durchblutung.	Ein Mangel ist un-gewöhnlich, geht aber mit Antriebslosigkeit, Depressionen und schuppiger Haut einher.
B6 (Pyridoxin, Pyridoxal, Pyridoxamin)	Mageres Fleisch, Fisch, Eier, Vollkorn-cerealien, brauner Reis, Nüsse, Kreuz-blütengewächse wie Brokkoli und Blumenkohl	Wichtig für Protein- und Fettstoffwechsel, die Bildung des roten Blutfarbstoffs und das Immunsystem	Anämie, Dermatitis und Depressionen
B12 (Cyanocobala-min)	Fleisch (besonders Leber), Fisch, Milch, Eier, angereicherte Frühstückscerealien, Käse und Hefeextrakt	Wichtig für das Wachs-tum, die Blutbildung und das Nervensystem	Müdigkeit, erhöhtes Infektionsrisiko und Anämie
Folsäure (Folat)	Innereien, dunkelgrünes Blattgemüse, Vollkorn- und angereicherte Frühstücks-cerealien, Brot, Nüsse, Bohnen, Erbsen, Linsen, Bananen und Hefeextrakt	Wichtig für die Zellteilung, insbesondere vor der Empfängnis und während der Schwangerschaft	Anämie, Appetitlosi-gkeit; wird mit neurona-len Defekten bei Babys in Verbindung gebracht.
C (Ascorbinsäure)	Zitrusfrüchte, Melonen, Erdbeeren, Tomaten, Brokkoli, Kartoffeln, Paprika und grünes Gemüse	Wichtig für die Aufnahme von Eisen, die Haut, Zähne und Knochen; stärkt das Immunsystem und unter-stützt die Infektabwehr.	Erhöhte Anfälligkeit für Infekte, Müdigkeit, Schlafstörungen und Depressionen
D (Cholecalciferon)	Sonnenlicht sowie Leber, Fettfisch, Eier, angereicherte Cerealien und Vollkorn-produkte	Wichtig- für die Knochen- und Zahnbildung; unter-stützt die Aufnahme von Calcium und Phosphor.	Knochenerweichung, Muskelschwäche, Anä-mie und Rachitis (bei Kindern)
E (Tocopherol)	Fettfisch, Samen, Nüsse, Pflanzenöle, Eier, Vollkornbrot, Avocados, Spinat	Wichtig für die Haut, die Durchblutung und die Regulierungsvorgänge in den Zellen (Antioxidans)	Erhöhtes Risiko für Herzinfarkt, Schlaganfall und bestimmte Krebs-erkrankungen

FRÜHSTÜCK

Das Frühstück ist die wichtigste Mahlzeit des Tages,
da Sie Ihrem Körper nach der Nachtruhe damit wieder Energie
verleihen. Verzichten Sie also nicht darauf, egal wie hektisch
Ihr Morgen ist! Dieses Kapitel zeigt Ihnen zahlreiche gesunde
Alternativen zu zuckerhaltigen Fertig-Müslis und fettigem Speck
auf – von schnellen Smoothies und Frühstücksriegeln „to go"
bis hin zu üppigeren Wochenendvarianten wie Linsen-Kitchiri
und geräuchertem Lachs mit Rührei.

Himbeer-Hafermehl-Mix

Diese köstliche Kombination von saftigen Himbeeren, cremigem Joghurt und Hafermehl versorgt Sie bis zum Mittagessen mit Energie. Profitieren Sie optimal von den enthaltenen Antioxidantien, Anthocyanen und Flavonoiden.

Für 1 Portion
1 EL mittleres Hafermehl
150 g Himbeeren
1–2 TL klarer Honig
3 EL fettarmer Joghurt (probiotisch)

1 Das Hafermehl in eine hitzebeständige Schüssel geben, mit kochendem Wasser übergießen und ca. 10 Minuten ziehen lassen, bis das Wasser komplett aufgesaugt ist.

2 Den eingeweichten Hafer in einen Mixer oder eine Küchenmaschine füllen. Die Himbeeren (bis auf 2, 3 Stück), den Honig sowie 2 EL Joghurt zugeben und pürieren, bis eine glatte Masse entsteht (das Mixgut von den Mixerwänden kratzen, falls nötig).

3 Den Smoothie in ein großes Glas schütten, den restlichen Joghurt unterheben, mit Himbeeren garnieren und kühl stellen. Vor dem Servieren gegebenenfalls mit etwas Saft oder Mineralwasser verdünnen.

Superfood-Tipp
Die im Joghurt enthaltenen Bakterienkulturen unterstützen die Verdauung.

186 kcal/793 kJ; 7,5 g Protein; 34,6 g Kohlenhydrate, davon 16,4 g Zucker; 3,1 g Fett, davon 0,4 g gesättigte Fette; 1 mg Cholesterin; 137 mg Calcium; 5,5 g Ballaststoffe; 51 mg Natrium

Beeren-Smoothie mit Chlorella

Dieser Beeren-Smoothie ist die perfekte Stärkung an einem heißen Sommertag. Denn er erfrischt nicht nur, sondern steckt zudem voller wertvoller Inhaltsstoffe. Das zerstoßene Eis wirkt belebend und verleiht dem Getränk eine gewisse Leichtigkeit.

Für 1 Portion
10 Eiswürfel
150 g Beeren (Himbeeren, Brombeeren,
    rote und schwarze Johannisbeeren)
4 EL Brombeersaft
2 TL Chlorellapulver

1 Die Eiswürfel in einen Gefrierbeutel geben, mit dem Nudelholz zerstoßen und beiseitelegen.

2 Die Beeren zusammen mit dem Brombeersaft in einen Mixer oder eine Küchenmaschine füllen und zu einem dicken Püree verarbeiten.

3 Das Chlorellapulver zugeben und die Beeren-mischung weiter pürieren, bis eine glatte Masse entsteht. Das Eis hinzufügen und das Ganze noch einmal kräftig pürieren. Den Smoothie in ein gro-ßen Glas füllen und bald trinken.

37 kcal/161 kJ; 2 g Protein; 8 g Kohlenhydrate, davon 8 g Zucker; 0 g Fett; 0 mg Cholesterin; 70 Calcium; 5,3 g Ballaststoffe; 22 mg Natrium

Weizenkleie-Smoothie

Dieser fruchtige und ballaststoffreiche Smoothie sorgt für einen guten Start in den Tag. Die Weizenkleie und die Bananen versorgen den Körper kontinuierlich mit Energie, während der Orangensaft und die Mango Vitamine und Mineralstoffe liefern.

Für 2 Portionen
½ Mango
1 Banane
1 große Orange
2 EL Weizenkleie
1 EL Sesamkörner
1 EL Honig

2 Die Orange auspressen, den Saft zusammen mit der Weizenkleie, den Sesamkörnern und dem Honig zu den Früchten geben. Das Gemisch so lange pürieren, bis eine glatte, cremige Masse entsteht. Den fertigen Smoothie in Gläser füllen und servieren.

1 Die Mango mit einem scharfen Obstmesser schälen und das Fruchtfleisch vom Kern lösen. Die Banane schälen, in Stücke schneiden und zusammen mit der Mango in den Mixer oder die Küchenmaschine füllen.

Zubereitungstipp
Der Saft der Mango ist von Natur aus so süß, dass Sie je nach Geschmack weniger oder sogar gar keinen Honig benötigen. Probieren Sie es aus.

172 kcal/726 kJ; 4,9 g Protein; 27,6 g Kohlenhydrate, davon 23,1 g Zucker; 5,5 g Fett, davon 0,9 g gesättigte Fette; 0 mg Cholesterin; 102 mg Calcium; 8,5 g Ballaststoffe; 11 mg Natrium

Weizengrastonikum

Weizengras wird aus Weizenkörnern gezogen und ist reich an Chlorophyll und den Antioxidantien Vitamin A, C und E. Es verfügt über einen charakteristischen süßlichen Eigengeschmack und wird hier mit Weißkraut gemischt.

Für 1 Portion
50 g Weißkraut, 90 g Weizengras

1 Den Strunk des Weißkrauts entfernen und die Blätter grob zerkleinern. Den Kohl und das Weizengras mithilfe eines Entsafters (am besten eines Press-Schnecken-Entsafters) zu Saft verarbeiten.

2 Den Saft in ein kleines Glas füllen und am besten sofort trinken.

Ananas-Ingwer-Saft

Frischer Ingwer ist eines der besten Hausmittel gegen Magenkrämpfe und Übelkeit. Hier wird er mit saftiger Ananas und süßer Karotte gemischt – eine ebenso einfache wie schmackhafte Medizin.

Für 1 Portion
½ kleine Ananas, 25 g frischer Ingwer
1 Karotte, Eiswürfel

1 Die Ananas mit einem scharfen Messer schälen, halbieren und den Strunk entfernen. Das Fruchtfleisch grob zerkleinern. Den Ingwer ebenso schälen und wie die Karotte grob zerkleinern.

2 Die Karotte, den Ingwer und die Ananas mithilfe eines Entsafters zu Saft verarbeiten und diesen in ein Glas füllen. Nach Geschmack Eiswürfel zugeben und sofort trinken.

Zubereitungstipp
Lassen Sie die Ananas vor der Zubereitung 30 Minuten auf dem Kopf ruhen – dadurch wird sie saftiger.

Weizengrastonikum: 36 kcal/149 kJ; 3,2 g Protein; 3,9 g Kohlenhydrate, davon 3,8 g Zucker; 0,8 g Fett, davon 0,1 g gesättigte Fette; 0 mg Cholesterin; 178 mg Calcium; 2,9 g Ballaststoffe; 130 mg Natrium **I** Ananas-Ingwer-Saft: 120 kcal/516 kJ; 1,1 g Protein; 30,2 g Kohlenhydrate, davon 29,9 g Zucker; 0,4 g Fett, davon 0,1 g gesättigte Fette; 0 mg Cholesterin; 33 mg Calcium; 1,2 g Ballaststoffe; 33 mg Natrium

Cranberry-Apfel-Walnuss-Muffins

Diese reich gewürzten Fruchtmuffins sind gesund und schmecken nach mehr! Sowohl Äpfel als auch Cranberries enthalten Polyphenole, die das Risiko für Krebs und kardiovaskuläre Erkrankungen senken können.

Für 12 Stück

1 Ei
50 g geschmolzene Butter
100 g feiner Zucker
abgeriebene Schale von 1 Orange
120 ml frisch gepresster Orangensaft
140 g Mehl
1 TL Backpulver
½ TL gemahlener Zimt
½ TL frisch gemahlene Muskatnuss
½ TL Pimentpulver
1 Prise gemahlener Ingwer
1 Prise Salz
2 kleine Tafeläpfel
170 g Cranberries
55 g gehackte Walnüsse

1 Den Backofen auf 180 °C (Umluft 160 °C) vorheizen. Die Blechvertiefungen einfetten oder mit Papierförmchen auskleiden.

2 Das Ei mit der Butter verquirlen. Zucker, Orangenschale und -saft zugeben. Zu einer glatten Masse aufschlagen und beiseitestellen.

3 Mehl, Backpulver, Zimt, Muskatnuss, Piment, Ingwer und Salz in eine große Schüssel sieben.

4 Eine Vertiefung in die trockenen Zutaten drücken, die Eimischung einfüllen. Mit einem Löffel miteinander vermengen.

5 Äpfel schälen, entkernen und vierteln. Apfelviertel mit einem scharfen Messer grob zerkleinern.

6 Äpfel, Cranberries und Walnüsse zum Teig geben und unterheben.

7 Die Blechvertiefungen zu ⅔ mit Teig füllen und 25–30 Minuten backen. Die fertigen Muffins 5 Minuten ruhen lassen, danach zum Auskühlen aus der Form lösen und auf ein Kuchengitter legen. In einem luftdicht schließendem Behältnis halten sie sich bis zu 3 Tage.

149 kcal/624 kJ; 2,5 g Protein; 20,4 g Kohlenhydrate, davon 10,8 g Zucker; 6,9 g Fett, davon 2,6 g gesättigte Fette; 25 mg Cholesterin; 30 mg Calcium; 0,9 g Ballaststoffe; 34 mg Natrium

Obstsalat aus Trockenfrüchten

Inspiriert von einem klassischen skandinavischen Dessert werden für diesen Obstsalat statt frischem Obst eine Reihe leckerer Trockenfrüchte verwendet, die Vitamine, Mineral- und Ballaststoffe in konzentrierter Form enthalten.

Für 6–8 Portionen

50 g Johannisbeeren
50 g Sultaninen
115 g getrocknete Aprikosen
115 g getrocknete Pflaumen
115 g getrocknete Äpfel
115 g getrocknete Pfirsiche
1 EL Zitronenzesten
1 Zimtstange (7,5 cm)
3 Gewürznelken
40 g Tapiokastärke
250 ml cremiger Naturjoghurt (probiotisch)

1 Alle Trockenfrüchte klein schneiden und zusammen mit 1 l Wasser in einen großen Topf füllen. Zugedeckt mindestens 2 Stunden, besser über Nacht, ruhen lassen.

2 Zitronenzesten, Zimtstange, Gewürznelken und Tapiokastärke unterrühren und die Fruchtmischung zum Kochen bringen. Zugedeckt 1 Stunde simmern lassen, gelegentlich umrühren.

3 Den Topf vom Herd nehmen, die Zimtstange entfernen. Vor dem Servieren die Fruchtmischung etwas abkühlen lassen.

4 Den Obstsalat nach Geschmack mit dickem, cremigem Joghurt garnieren. Reste halten sich im Kühlschrank bis zu 3 Tage.

305 kcal/1277 kJ; 2,7 g Protein; 37,4 g Kohlenhydrate, davon 31,5 g Zucker; 17,1 g Fett, davon 10,4 g gesättigte Fette; 43 mg Cholesterin; 51 mg Calcium; 4 g Ballaststoffe; 17 mg Natrium

Granatapfeljoghurt mit Grapefruit

Die rubinroten Granatapfelkerne verleihen dem Joghurt nicht nur Textur, Geschmack und Farbe, sondern enthalten auch herzschützende Polyphenole, während der verführerisch duftende Grapefruitsalat eine pikante, gleichzeitig erfrischende Note beisteuert.

Für 4 Portionen
300 ml griechischer Naturjoghurt
2–3 reife Granatäpfel
1 Bund fein gehackte Minze
Honig oder Zucker nach Geschmack (optional)

Für den Grapefruitsalat:
2 rote Grapefruits
2 rosafarbene Grapefruits
1 weiße Grapefruit
1–2 EL Orangenblütenwasser
1 Handvoll Granatapfelkerne und Minzblätter
  zum Garnieren

4 Den gekühlten Joghurt mit Granatapfelkernen und Minzblättern dekorieren, zusammen mit dem Grapefruitsalat servieren.

1 Den Joghurt in eine Schüssel geben und aufschlagen. Die Granatäpfel halbieren und vorsichtig entkernen. Die bittere weiße Haut komplett entfernen. Kerne und gehackte Minze unter den Joghurt mischen, sofern gewünscht mit Honig oder Zucker süßen. Bis zum Servieren kühl stellen.

2 Die Grapefruits schälen, die verbleibenden weißen Teile der Schale abziehen. Das Fruchtfleisch an den Membranen in Segmente schneiden, den dabei austretenden Saft in einer Schale auffangen.

3 Die Membranen entfernen, das Fruchtfleisch mit dem aufgefangenen Saft vermischen und mit Orangenblütenwasser besprenkeln. Falls gewünscht, etwas Honig oder Zucker zugeben, sanft umrühren.

Zubereitungstipp
Geben Sie die Granatapfelhälften in eine Schüssel mit Wasser und brechen Sie sie unter Wasser in kleine Teile. So lassen sich die Kerne leicht herauslösen.

188 kcal/784 kJ; 8,8 g Protein; 18 g Kohlenhydrate, davon 18 g Zucker; 10,5 g Fett, davon 5,2 g gesättigte Fette; 0 mg Cholesterin; 202 mg Calcium; 3,6 g Ballaststoffe; 82 mg Natrium

Himbeer-Cranachan

Bei dieser Abwandlung des schottischen Dessert-Klassikers wurde die Sahne durch Joghurt ersetzt, was ihn zu einem genauso schmackhaften, aber etwas leichteren Frühstück macht. Himbeeren und Hafer tragen ebenfalls zu einem gelungenen Start in den Tag bei.

Für 4 Portionen
75 g Haferflocken
600 ml dicker, cremiger Naturjoghurt
    (probiotisch)
250 g Himbeeren
Heidehonig nach Geschmack

Variante
Statt Himbeeren können Sie auch jedes andere Beerenobst verwenden, zum Beispiel Erdbeeren oder Brombeeren. Erstere sollten vor Verwendung entstielt und geviertelt werden.

1 Den Backofengrill vorheizen. Die Haferflocken gleichmäßig auf einem mit Backpapier ausgelegten Backblech verteilen und 3–4 Minuten grillen, dabei regelmäßig wenden. Zum Auskühlen beiseitestellen.

2 Die ausgekühlten Haferflocken unter den Joghurt mischen.

3 200 g Himbeeren vorsichtig unter die Joghurt-Hafer-Masse heben, ohne sie zu zerquetschen.

4 Die cremige Mischung auf 4 Dessertgläser oder Schalen verteilen und mit den restlichen Himbeeren garnieren.

5 Den Himbeer-Cranachan sofort servieren. Dazu Heidehonig zum Darüberträufeln reichen, der diesem unwiderstehlichen Frühstück zusätzlich Süße und Geschmack verleiht.

276 kcal/1152 kJ; 12,4 g Protein; 17,2 g Kohlenhydrate, davon 11,1 g Zucker; 19,7 g Fett, davon 8,7 g gesättigte Fette; 0 mg Cholesterin; 255 mg Calcium; 2,5 g Ballaststoffe; 122 mg Natrium

Amaranth-Brei mit Honig

Die Süße des Honigs passt wunderbar zu dem leichten Nussaroma der nährstoffreichen Amaranth-Samen. Die relativ schwere Textur kann durch Zugabe Ihres Lieblingsobstes – egal ob frisch oder getrocknet – aufgelockert werden.

Für 1 Portion
100 g Amaranth-Samen, 200 ml Milch, 1 TL Honig

1 Amaranth, Milch und Honig in einen Topf geben und 15 Minuten sanft erhitzen, gelegentlich umrühren.

2 Hat die Masse eine breiartige Konsistenz, in eine Schüssel füllen und warm verzehren.

Amaranth-Popcorn

Diese eher ungewöhnliche Zubereitung des Amaranths bringt Abwechslung auf den Frühstückstisch. Fügen Sie nach Lust und Laune Ihre Lieblingscerealien, Früchte oder Joghurt hinzu.

Für 1 Portion
20 g Amaranth-Samen, ½ TL gemahlener Zimt ½ TL flüssiger Honig

1 Eine schwere Pfanne bei aufgelegtem Deckel erhitzen.

2 Die Hälfte des Amaranths gleichmäßig in der Pfanne verteilen, wobei die Samen unmittelbar aufplatzen sollten.

3 Sanft an der Pfanne rütteln, damit sich die Hitze gleichmäßig verteilt und nichts anbrennt.

4 Nach ca. 30 Sekunden die Pfanne vom Herd nehmen und die aufgeplatzten Samenkörner in eine Schüssel füllen.

5 Den Vorgang mit der anderen Hälfte des Amaranths wiederholen. Dann Zimt und Honig zugeben und alles gut miteinander vermischen.

Amaranth-Brei mit Honig: 486 kcal/2042 kJ; 21 g Protein; 81 g Kohlenhydrate, davon 17 g Zucker; 10 g Fett, davon 3 g gesättigte Fette; 12 mg Cholesterin; 242 mg Calcium; 6,7 g Ballaststoffe; 91 mg Natrium I **Amaranth-Popcorn:** 86 kcal/360 kJ; 3 g Protein; 16 g Kohlenhydrate, davon 3 g Zucker; 1 g Fett, davon 0 g gesättigte Fette; 0 mg Cholesterin; 13 mg Calcium; 1,3 g Ballaststoffe; 2 mg Natrium

Haferbrei mit Datteln und Pistazien

Eine Schüssel Haferbrei ist an einem Wintermorgen nicht nur ein Genuss, sondern schützt auch Ihr Herz, da Hafer das „schlechte" Cholesterin im Körper senkt. Zudem versorgt er Sie den ganzen Vormittag mit Energie, sodass kein Snack zwischendurch nötig ist.

Für 4 Portionen

250 g frische Datteln
225 g kernige Haferflocken
475 ml Milch, 300 ml Wasser
1 Prise Salz (optional)
50 g ungesalzene Pistazienkerne, grob zerkleinert

1 Die Datteln halbieren, Kerne und Stiele entfernen. Die Dattelhälften mit kochendem Wasser bedecken und 30 Minuten ziehen lassen, bis sie weich werden. Anschließend abseihen, dabei 90 ml des Wassers zurückbehalten.

2 Die Dattelhälften schälen und zusammen mit dem zurückbehaltenen Wasser pürieren.

3 Die Haferflocken zusammen mit der Milch, dem Wasser und dem Salz in einen Topf geben und zum Kochen bringen. Dann die Hitze reduzieren und 4–5 Minuten simmern lassen, dabei häufig umrühren.

4 Den Haferbrei in vorgewärmte Schüsseln füllen und mit einem Löffel Dattelpüree und den zerkleinerten Pistazienkernen garnieren.

Superfood-Tipp

Hafer wird aufgrund seines Fett- und Proteingehalts (der höher ist als bei den meisten anderen Getreidesorten) häufig als „wärmendes" Nahrungsmittel bezeichnet. Er versorgt uns lang anhaltend mit Energie und ist zudem eine der nahrhaftesten Cerealien überhaupt.

416 kcal/1754 kJ; 13,6 g Protein; 62,5 g Kohlenhydrate, davon 21,2 g Zucker; 13,8 g Fett, davon 1,3 g gesättigte Fette; 0 mg Cholesterin; 75 mg Calcium; 5,7 g Ballaststoffe; 127 mg Natrium

Frühstücksriegel mit Kokosnuss

Ein perfektes Frühstück, wenn die Zeit mal wieder knapp ist. Denn Ihr Körper braucht morgens „Treibstoff", um in Gang zu kommen – egal wie eilig Sie es haben.

Für 12 Stück

270 g Apfelmus
115 g zerkleinerte Trockenaprikosen
115 g ungeschwefelte Rosinen
50 g Demerara-Zucker
50 g Sonnenblumenkerne
25 g Sesamkerne, 25 g Kürbiskerne
75 g kernige Haferflocken
75 g Vollkornmehl
2 TL Backpulver
50 g ungesüßte Kokosraspeln
2 verquirlte Eier

1 Den Backofen auf 200 °C (Umluft 180 °C) vorheizen. Ein Backblech (20 x 20 cm) fetten und mit Backpapier auslegen.

2 Das Apfelmus in eine große Schüssel füllen, Aprikosen, Rosinen, Zucker sowie die Samenkörner zugeben. Mit einem Holzlöffel gut durchmischen.

3 Der Fruchtmischung Haferflocken, Mehl, Backpulver, Kokosraspeln und Eier hinzufügen und alles zu einem kompakten Teig verarbeiten.

4 Den Teig gleichmäßig auf dem Blech verteilen und ca. 25 Minuten backen, bis er sich goldbraun färbt und gerade fest wird.

5 Auf dem Blech auskühlen lassen und in gleich große Riegel schneiden.

207 kcal/871 kJ; 4,9 g Protein; 29,6 g Kohlenhydrate, davon 19,3 g Zucker; 8,5 g Fett, davon 3 g gesättigte Fette; 32 mg Cholesterin; 67 mg Calcium; 2,8 g Ballaststoffe; 46 mg Natrium

Aprikosen-Kleie-Muffins

Diese saftig-fruchtigen Muffins sind eine hervorragende Frühstückvariante, zumal Aprikosen reich an Eisen, Ballaststoffen, Vitamin A und Calcium sind. Der im Rezept enthaltene Joghurt und die Milch steigern den Calciumgehalt zusätzlich.

Für 12 Stück
115 g Trockenaprikosen
225 g Mehl, 50 g Haferkleie
2 TL Backpulver, ½ TL Backnatron
2 EL Rohrzucker
30 g geschmolzene Butter
150 g Naturjoghurt (probiotisch)
200 ml Milch

1 Die Blechvertiefungen einfetten oder mit Papierförmchen auskleiden.

2 Die Aprikosen in einer kleinen Schüssel Wasser 15 Minuten einweichen, anschließend in mundgerechte Stücke schneiden

3 Den Backofen auf 220 °C vorheizen (Umluft 200 °C).

4 Mehl, Haferkleie, Backpulver, Backnatron, Zucker und Aprikosen in einer Schüssel vermengen.

5 Die geschmolzene Butter, Joghurt sowie Milch zu den trockene Zutaten geben und alles leicht vermischen.

6 Die Blechvertiefungen zu ⅔ mit Teig füllen und 15–20 Minuten backen. Gegebenenfalls eine Garprobe mit einem Holzstäbchen durchführen.

7 Die Muffins 5 Minuten ruhen lassen, danach aus der Form lösen. Warm servieren oder innerhalb von 2 Tagen verzehren.

Superfood-Tipp
Getrocknete Aprikosen haben einen höheren Beta-Carotin-Gehalt als frische. Dieses wirkstarke Antioxidans soll das Risiko für grauen Star, Herzkrankheiten und bestimmte Krebsarten senken.

131 kcal/553 kJ; 4 g Protein; 23,6 g Kohlenhydrate, davon 8,3 g Zucker; 3 g Fett, davon 1,7 g gesättigte Fette; 7 mg Cholesterin; 83 mg Calcium; 2,7 g Ballaststoffe; 42 mg Natrium

Geräucherter Schellfisch mit Spinat und Ei

Dieses proteinhaltige Gericht eignet sich vermutlich eher für ein ausgiebiges Wochenend-frühstück. Ein Glas Fruchtsaft sorgt dafür, dass das im sanft gegarten Spinat und den Eiern vorhandene Eisen besser aufgenommen werden kann.

Für 4 Portionen
4 geräucherte Schellfischfilets
Milch zum Pochieren
3 EL fettreduzierter griechischer Joghurt
 oder Crème fraîche
250 g frischer Spinat ohne Stiele
Weißweinessig
4 Eier
Salz und gemahlener schwarzer Pfeffer

1 Den Fisch in eine Pfanne geben und bis zur halben Höhe des Fischs mit Milch aufgießen. Bei niedriger Hitze 5 Minuten pochieren.

2 Den Fisch aus der Pfanne heben und warm stellen. Die Hitzezufuhr erhöhen und die Milch um die Hälfte reduzieren, dabei gelegentlich umrühren.

3 Den Joghurt oder die Crème fraîche einrühren und die Mischung durcherhitzen, ohne die Soße zum Kochen kommen zu lassen. Mit Salz und Pfeffer abschmecken und vom Herd nehmen.

4 Eine Bratpfanne sanft erhitzen, den Spinat hineingeben und 5 Minuten garen, bis er zusammengefallen ist. Mit Salz und Pfeffer würzen, beiseitestellen und warm halten.

5 Um die Eier zu pochieren, einen Topf mit 4 cm Wasser füllen, einige Tropfen Essig zugeben und zum Simmern bringen. Eines der Eier sanft aufschlagen, ins Wasser gleiten lassen und 3 Minuten kochen. Mit einem Schaumlöffel aus dem Wasser heben, auf Küchenpapier abtropfen lassen.

6 Den Vorgang mit den restlichen Eiern der Reihe nach wiederholen.

7 Den Fisch mit dem Spinat auf einem Teller anrichten, das pochierte Ei daraufsetzen und mit der Soße übergießen. Sofort servieren.

350 kcal/1455 kJ; 27,5 g Protein; 1,5 g Kohlenhydrate, davon 1,4 g Zucker; 26,3 g Fett, davon 14 g gesättigte Fette; 277 mg Cholesterin; 170 mg Calcium; 1,3 g Ballaststoffe; 969 mg Natrium

Linsen-Kitchiri

Dieses pikante Linsen- und Reisgericht ist eine vegetarische Variante des in der anglo-indischen Küche beliebten Fischgerichts. Mit hart gekochten Eierspalten serviert, ergibt es ein proteinreiches Frühstück, das zudem reich an Eisen ist.

Für 4 Portionen

50 g getrocknete rote Linsen, gespült
1 Lorbeerblatt
225 g Basmatireis, gewaschen
4 Gewürznelken
2 EL Pflanzenöl
1 TL Currypulver
½ TL mildes Chilipulver
2 EL glatte Petersilie, gehackt
Salz und gemahlener schwarzer Pfeffer
4 hart gekochte Eier (geviertelt) zum Garnieren
  (optional)

1 Die Linsen zusammen mit dem Lorbeerblatt in einen Topf geben, mit kaltem Wasser bedecken und zum Kochen bringen. Schaum abschöpfen und Hitze reduzieren. Dann zugedeckt 25–30 Minuten simmern lassen, bis die Linsen weich sind. Abseihen, dabei das Lorbeerblatt entfernen.

2 In der Zwischenzeit den Reis in einen Topf füllen und mit 475 ml kochendem Wasser übergießen. Gewürznelken sowie eine großzügige Prise Salz zugeben und zugedeckt 10–15 Minuten kochen, bis das Wasser aufgesaugt und der Reis weich ist. Nelken entfernen.

3 Das Öl in einer schweren Pfanne sanft erhitzen. Curry- sowie Chilipulver hinzufügen und 1 Minute anbraten.

4 Die Linsen und den Reis einrühren, nach Geschmack würzen und 1–2 Minuten durcherhitzen. Die Petersilie zugeben und – soweit gewünscht – mit Eierspalten garniert servieren.

339 kcal/1414 kJ; 7,6 g Protein; 52,4 g Kohlenhydrate, davon 0,7 g Zucker; 10,9 g Fett, davon 6,5 g gesättigte Fette; 27 mg Cholesterin; 44 mg Calcium; 1,3 g Ballaststoffe; 85 mg Natrium

Frittata mit getrockneten Tomaten

Dieses mit würzigem Parmesankäse zubereitete italienische Omelette kann sowohl warm als auch kalt serviert werden. Der intensive Geschmack der sonnengetrockneten Tomaten und das würzige Aroma des Thymians verleihen dem Gericht das gewisse Etwas.

Für 4 Portionen
6 sonnengetrocknete Tomaten
2 EL Olivenöl
1 kleine Zwiebel, gehackt
frische Thymianblätter nach Geschmack
6 Eier
25 g frisch geriebener Parmesan sowie
   Parmesan zum Bestreuen
Salz und gemahlener schwarzer Pfeffer
Thymianzweige zum Garnieren

1 Die Tomaten in eine Schüssel geben, mit kochendem Wasser gerade bedecken und 15 Minuten ziehen lassen.

2 Die Tomaten aus dem heißen Wasser herausheben (Wasser aufheben), mit Küchenpapier trockentupfen und mit einem scharfen Messer in dünne Streifen schneiden.

3 Das Olivenöl in einer Pfanne erhitzen. Die Zwiebeln 5–6 Minuten darin anbraten, Thymian sowie Tomaten zugeben und weitere 2–3 Minuten braten.

4 Die Eier aufschlagen und leicht verquirlen. 3 EL des Tomatenwassers sowie den Parmesan unterrühren, nach Geschmack würzen.

5 Das Öl in der Pfanne stark erhitzen, dann die Eier zugeben und zügig mit den anderen Zutaten vermischen. Bei mittlerer Hitze 4–5 Minuten braten, bis sich die Unterseite goldgelb färbt.

6 Einen Teller mit der Innenseite über die Pfanne stülpen. Diese umdrehen, sodass die Frittata auf dem Teller zu liegen kommt. Dann die Frittata wieder in die Pfanne gleiten lassen und auch die zweite Seite goldbraun braten.

7 Die Pfanne vom Herd nehmen, die Frittata in Dreiecke schneiden und mit Parmesan sowie Thymianzweigen garnieren.

> **Variante**
> Für eine fettärmere Variante lassen Sie den Parmesankäse weg und fügen stattdessen rote und gelbe Paprikawürfel zu, die mit den Zwiebeln angebraten werden.

170 kcal/705 kJ; 5,7 g Protein; 3 g Kohlenhydrate, davon 2,6 g Zucker; 15,2 g Fett, davon 4,1 g gesättigte Fette; 13 mg Cholesterin; 158 mg Calcium; 0,6 g Ballaststoffe; 167 mg Natrium

Geräucherter Lachs mit Rührei

Dieses Frühstücksgericht ist ein Klassiker, der Sie mit allen wichtigen Nährstoffen für einen gelungenen Start in den Tag versorgt. Die im Lachs enthaltenen Omega-3-Fettsäuren und das im Eigelb enthaltene Cholin machen es zudem zum echten Brainfood.

Für 4 Portionen
1 EL Rapsöl
2 gehackte Zwiebeln
150–200 g Räucherlachs
6–8 verquirlte Eier
gemahlener schwarzer Pfeffer
3 EL frischer Schnittlauch zum Garnieren, gehackt
    und ganze Stängel
Vollkorntoast oder -bagels als Beilage

1 Das Öl in einer Pfanne erhitzen, die Zwiebeln darin anbraten und leicht Farbe nehmen lassen.

3 Die Eier in die Pfanne schütten und stocken lassen. Zwischendurch vorsichtig umrühren, bis das Ei cremig ist. Auf Tellern anrichten und mit Schnittlauch garnieren

4 Sofort mit heißem Vollkornbuttertoast oder warmen Bagels servieren.

2 Den geräucherten Lachs zugeben und gut mit den Zwiebeln vermengen.

Zubereitungstipp

Haben Sie keinen geräucherten Lachs zur Hand, können Sie auch ungeräucherten Lachs – frisch oder aus der Dose – verwenden, der genauso viele Omega-3-Fette enthält.

316 kcal/1314 kJ; 22,8 g Protein; 6,6 g Kohlenhydrate, davon 0,8 g Zucker; 22,4 g Fett, davon 8,2 g gesättigte Fette; 249 mg Cholesterin; 68 mg Calcium; 0,3 g Ballaststoffe; 231 mg Natrium

Gegrillte Bücklinge mit Toast

Der rauchige Geschmack der Bücklinge harmoniert wunderbar mit der bitteren Orangen-marmelade und macht dieses Gericht zu einem wahren Geschmackserlebnis. Hinzu kommt, dass kaum ein anderer Fisch so viel Omega-3-Fettsäuren enthält wie der Hering.

Für 2 Portionen
geschmolzene Butter zum Einfetten
2 Bücklinge
2 Scheiben Brot
weiche Butter für den Belag
Orangenmarmelade für den Belag

4 Das Brot toasten und mit Butter sowie Marme-lade bestreichen. Die Bücklinge sofort mit dem Marmeladentoast als Beilage servieren.

Variante
Lassen Sie die Marmelade weg und würzen Sie die Bücklinge mit Cayennepfeffer. Servieren Sie den Fisch mit einem Klecks Butter und Zitronenspalten zum Ausdrücken.

1 Den Backofengrill vorheizen. Ein Grillblech mit Alufolie auslegen (damit der Fischgeruch nicht einbrennt) und mit der Butter einfetten, um ein Ankleben am Blech zu verhindern.

2 Mit einer Küchenschere oder einem Messer Kopf und Schwanz der Bücklinge abschneiden.

3 Den Fisch mit der Haut nach außen auf das Blech legen und 1 Minute grillen. Dann den Fisch wenden, mit geschmolzener Butter einpinseln und weitere 4–5 Minuten im Backofen grillen.

518 kcal/2155 kJ; 33,9 g Protein; 17,6 g Kohlenhydrate, davon 5,9 g Zucker; 35,1 g Fett, davon 7,6 g gesättigte Fette; 121 mg Cholesterin; 126 mg Calcium; 0,4 g Ballaststoffe; 1640 mg Natrium

Haferpfannkuchen mit Speck

Dieser herzhaften Pfannkuchen lässt sich wunderbar mit einem pochierten Ei oder gegrillten Tomaten kombinieren. Verwenden Sie möglichst einen qualitativ hochwertigen Speck und entfernen Sie die Schwarte, um den Fettgehalt etwas zu senken.

Für 8 Stück

115 g Vollkornweizenmehl
25 g Hafergrütze
1 Prise Salz
2 Eier
300 ml Buttermilch
Butter oder Öl zum Einfetten
8 Speckstreifen

1 Das Mehl mit der Hafergrütze und dem Salz in einer Schüssel mischen, dann mit den Eiern und der Buttermilch zu einem glatten Teig verrühren. Dieser sollte die gleiche Konsistenz wie ein „normaler" Pfannkuchenteig haben.

2 Eine Pfanne erhitzen und mit der Butter beziehungsweise dem Öl einfetten.

3 Eine Kelle voll Teig in die heiße Pfanne geben, diese nach allen Seiten neigen, damit sich der Teig gleichmäßig verteilt. 2 Minuten backen, bis sich die Unterseite goldgelb färbt.

4 Den Pfannkuchen wenden und nochmals 1 Minute backen. Aus der Pfanne herausheben und mit dem gebratenem Speck füllen.

Variante
Als alternative Füllungen bieten sich gegrillte Pilze, geräucherter Fisch (Makrele und Lachs) oder auch Marmelade an.

Zubereitungstipp
Als Hafergrütze werden die zerkleinerten Haferkerne bezeichnet. Sie weisen eine etwas höhere Garzeit als Haferflocken auf und verleihen dem jeweiligen Gericht mehr Biss.

202 kcal/845 kJ; 11,9 g Protein; 17,8 g Kohlenhydrate, davon 2 g Zucker; 11,8 g Fett, davon 4,8 g gesättigte Fette; 87 mg Cholesterin; 59 mg Calcium; 1,5 g Ballaststoffe; 645 mg Natrium

Niere mit Champignon auf Toast

Nieren sind eine hervorragende Quelle für eine Vielzahl von Mineralstoffen, unter anderem Eisen. Zudem sind sie einfach zuzubereiten und ergeben zusammen mit Tomaten, Pilzen und Vollkorntoast ein schmackhaftes sowie sättigendes Frühstück.

Für 4 Portionen

4 große, flache Portobello-Champignons, Stiele gekürzt
50 g Butter
2 TL körniger Senf
1 EL gehackte frische Petersilie
4 gehäutete, entfettete und halbierte Lammnieren
4 dicke Scheiben getoastetes Vollkornbrot
Petersilie zum Garnieren
Tomatenspalten als Beilage

1 Die Champignons sorgfältig putzen und die Stiele entfernen.

2 Die Butter mit dem Senf und der gehackten Petersilie in eine Schüssel geben und vermischen.

3 Die Nieren unter fließendem kalten Wasser waschen und mit Küchenpapier trockentupfen.

4 Die Buttermischung in einer großen Pfanne erhitzen, die Pilze und Nieren darin 3 Minuten von jeder Seite braten.

5 Ist der gewünschte Gargrad der Nieren erreicht (am besten schmecken sie, wenn sie im Inneren noch leicht rosa sind), die Nieren mit den Pilzen, den Tomaten und dem Toast anrichten, mit Petersilie garniert servieren.

Zubereitungstipp

Entfernen Sie vor dem Kochen die Harnwege (als Röhrchen erkennbar) sowie die weißen Häute im Inneren der Nieren.

593 kcal/2408 kJ; 39,2 g Protein; 26,3 g Kohlenhydrate, davon 2,7 g Zucker; 37,7 g Fett, davon 21,6 g gesättigte Fette; 647 mg Cholesterin; 145 mg Calcium; 4,3 g Ballaststoffe; 773 mg Natrium

SUPPEN, DIPS & VORSPEISEN

Selbst gekochte Suppen sind eine Wohltat für Körper und Seele. Praktisch ist, dass sie „auf Vorrat" in großen Mengen gekocht und im Kühl-/Gefrierschrank gelagert werden können. Aber auch die in diesem Abschnitt vorgestellten Vorspeisen und Dips sind eine nährstoffreiche Verlockung. Im breit gefächerten Angebot sind unter anderem: Artischocken-Cumin-Dip, marinierter Tofu mit Brokkoli und Schalotten, Seegras-Sushi und Knoblauchgarnelen in Blätterteig.

Klassisches Gazpacho

Tomaten, Gurken und Paprika bilden die Grundlage dieser klassischen Kaltschale, die dank des Nicht-Kochens reich an Vitamin C ist. Am besten servieren Sie sie mit einem Löffel Avocado-Salsa, die für einen zusätzlichen Nährstoffschub sorgt.

Für 6 Portionen
900 g reife Tomaten, geschält und entkernt
1 Gurke, geschält und grob zerkleinert
2 rote Paprika, entkernt und grob zerkleinert
2 zerdrückte Knoblauchzehen
1 große Zwiebel, grob gehackt
2 EL Weißweinessig
120 ml Olivenöl
250 g frische Weißbrotwürfel
450 ml Eiswasser
12 Eiswürfel

Für die Beilage
2–3 EL Olivenöl
4 dicke Brotscheiben ohne Kruste, in kleine
   Würfel geschnitten
2 Tomaten, geschält, entkernt und fein gewürfelt
1 kleine grüne Paprika, entkernt und fein
   gewürfelt
1 kleine Zwiebel, in feine Scheiben geschnitten
1 kleiner Bund frische glatte Petersilie, gehackt

2 Die Tomatenmischung im Mixer oder in der Küchenmaschine zu einer nahezu glatten Masse pürieren. Ist diese zu dick, etwas kaltes Wasser einarbeiten. Nach Geschmack salzen und pfeffern, kalt stellen.

3 Für die Beilagen das Öl in einer Pfanne erhitzen. Brotwürfel zugeben und bei mittlerer Hitze 5– 6 Minuten gleichmäßig bräunen, gelegentlich umrühren. Auf Küchenpapier abtropfen lassen und in eine kleine Schüssel füllen.

4 Das Gazpacho auf Schüsseln verteilen, 2 Eiswürfel hinzufügen und sofort servieren. Die übrigen Beilagen ebenfalls auf Schüsseln verteilen, sodass sich jeder nach Geschmack davon bedienen kann.

Superfood-Tipp
Die Mischung aus frischer roher Tomate, Paprika, Gurke, Knoblauch, Zwiebel und Olivenöl fördert die Durchblutung sowie das Immunsystem und entgiftet den Körper.

1 Tomaten, Gurke, Paprika, Knoblauch und Zwiebel in einer großen Schüssel mischen. Essig, Öl, Brotwürfel und Wasser unterrühren, bis alles gut miteinander vermengt ist.

244 kcal/1009 kJ; 3 g Protein; 12 g Kohlenhydrate, davon 11 g Zucker; 21 g Fett, davon 3 g gesättigte Fette; 0 mg Cholesterin; 34 mg Calcium; 3,9 g Ballaststoffe; 84 mg Natrium

Kürbissuppe mit geröstetem Knoblauch

Das Rösten des Knoblauchs mildert dessen starken Eigengeschmack, sodass Sie mehr von dieser leckeren Suppe essen können. Sie ist eine hervorragende Quelle für Vitamin A und auch ohne die Zugabe von Sahne wunderbar sättigend.

Für 4 Portionen
2 Knollen Knoblauch ohne „Papierhaut"
5 EL Olivenöl
einige frische Thymianzweige
1 Moschuskürbis, halbiert und entkernt
2 gehackte Zwiebeln
1 TL gemahlener Koriander
1,2 l Gemüse- oder Geflügelbrühe
3 EL frischer Majoran oder Oregano, gehackt
Salz und gemahlener schwarzer Pfeffer

Für die Salsa
4 große, reife Tomaten, halbiert und entkernt
1 rote Paprika, halbiert und entkernt
1 große, frische rote Chilischote, halbiert und
  entkernt
2–3 EL natives Olivenöl extra
1 EL Balsamicoessig
1 Prise extrafeiner Zucker

1 Den Backofen auf 220 °C vorheizen (Umluft 200 °C). Die Knoblauchknollen auf ein Stück Alufolie legen, mit der Hälfte des Olivenöls übergießen. Den Thymian zugeben und die Alufolie zu einem Päckchen zusammenfalten.

2 Das Päckchen zusammen mit dem Kürbis und dem Gemüse für die Salsa auf ein mit Backpapier ausgelegtes Blech legen. Den Kürbis mit 1 EL Olivenöl bestreichen.

3 Das Gemüse 25 Minuten rösten, dann die Tomaten, die Paprika und die Chili herausnehmen. Die Temperatur auf 190 °C (Umluft 170 °C) reduzieren und den Knoblauch sowie den Kürbis weitere 20–25 Minuten garen.

4 Das restliche Olivenöl in einer großen Pfanne erhitzen, die Zwiebeln zusammen mit dem Koriander ca. 10 Minuten darin dünsten, bis die Zwiebeln weich sind.

5 Paprika und Chili häuten, in einem Mixer oder der Küchenmaschine zusammen mit den Tomaten und 2 EL Olivenöl pürieren. Den Essig unterrühren, nach Geschmack würzen, gegebenenfalls Zucker zugeben. Das verbleibende Öl nach Bedarf hinzufügen.

6 Den Knoblauch und das Kürbisfleisch aus der Schale lösen und zu der Zwiebel-Koriander-Mischung in die Pfanne geben. Die Brühe angießen, mit einer Messerspitze Salz und reichlich Pfeffer würzen, dann das Ganze zum Kochen bringen und 10 Minuten simmern lassen.

7 Die Hälfte des Majorans einrühren und die Suppe etwas abkühlen lassen. Dann die Suppe im Mixer oder in der Küchenmaschine pürieren oder durch ein feines Sieb passieren.

8 Die Suppe erneut erhitzen, ohne sie zum Kochen zu bringen, abschmecken und in vorgewärmte Schüsseln füllen. Einen Löffel voll Salsa daraufgeben und mit dem restlichen Majoran garnieren. Sofort servieren.

238 kcal/986 kJ; 2,9 g Protein; 11,9 g Kohlenhydrate, davon 10,3 g Zucker; 20,2 g Fett, davon 3,1 g gesättigte Fette; 0 mg Cholesterin; 79 mg Calcium; 4,1 g Ballaststoffe; 11 mg Natrium

Geeiste Avocado-Cumin-Suppe

In dieser Kaltschale werden cremige Avocados mit dem markanten Geschmack von Zwiebeln, Knoblauch, Zitrone und Cumin kombiniert. Zwar gelten Avocados als fettreich, doch handelt es sich dabei um „gesundes" Fett, das hilft, den Cholesterinspiegel zu senken.

Für 4 Portionen

3 reife Avocados
1 Bund Frühlingszwiebeln, nur die weißen
   Teile ohne Wurzeln
2 gehackte Knoblauchzehen
Saft von 1 Zitrone
¼ TL gemahlener Kreuzkümmel (Cumin)
¼ TL Paprikapulver
450 ml frische Gemüsebrühe
300 ml Eiswasser
gemahlener schwarzer Pfeffer
grob gehackte glatte Petersilie zum Garnieren

1 Das Fruchtfleisch einer Avocado im Mixer oder in der Küchenmaschine zusammen mit den Frühlingszwiebeln, dem Knoblauch und dem Zitronensaft zu einer glatten Masse verarbeiten. Die zweite Avocado zugeben und erneut pürieren. Dann die dritte Avocado sowie die Gewürze hinzufügen und nochmals pürieren.

2 Nach und nach die Gemüsebrühe einarbeiten, die Suppe in eine Metallschüssel füllen und 2–3 Stunden kalt stellen.

3 Vor dem Servieren das Eiswasser einrühren und nach Geschmack mit schwarzem Pfeffer würzen. Mit der gehackten Petersilie garnieren und sofort servieren.

220 kcal/907 kJ; 2,7 g Protein; 2,9 g Kohlenhydrate, davon 1,3 g Zucker; 21,8 g Fett, davon 4,7 g gesättigte Fette; 0 mg Cholesterin; 22 mg Calcium; 4,2 g Ballaststoffe; 9 mg Natrium

Misosuppe mit Tofu

Diese wohlschmeckende Brühe ist extrem nährstoffstoffreich und zudem kalorienarm. Sowohl das Miso als auch der Tofu sind reich an cholesterinsenkenden Proteinen, Letzterer auch an pflanzlichen Omega-3-Fettsäuren – alles Inhaltsstoffe, die gut für Ihr Herz sind.

Für 4 Portionen

1 Bund Frühlingszwiebeln oder
  5 Stangen junger Lauch
15 g frischer Koriander
3 dünne Scheiben frischer Ingwer
2 Stück Sternanis
1 kleine getrocknete rote Chilischote
1,2 l Dashi oder Gemüsebrühe
225 g Pak Choi oder ein anderes asiatisches
  Gemüse, in dicke Scheiben/Streifen geschnitten
200 g fester Tofu, in 2,5 cm große Würfel
  geschnitten
4 EL rote Misopaste
2–3 EL japanische Sojasoße
1 frische rote Chilischote, entkernt und in
  feine Streifen geschnitten (optional)

1 Die grünen Blätter der Frühlingszwiebeln beziehungsweise die grünen Teile der Lauchstängel abschneiden, den Rest schräg in feine Ringe schneiden.

2 Das Grün der Zwiebeln/des Lauchs mit dem Koriander, dem Ingwer, dem Sternanis, der Chili und der Brühe in eine große Pfanne geben.

3 Die Mischung langsam zum Kochen bringen, die Hitze reduzieren und ca. 10 Minuten simmern lassen. Die Brühe abseihen, zurück in die Pfanne schütten und erneut erhitzen. Die grünen Teile der Zwiebeln/des Lauchs, Pak Choi und Tofu hinzufügen und 2 Minuten kochen.

4 Das Miso in einer kleinen Schüssel mit etwas Suppe mischen, unter die restliche Suppe rühren und mit Sojasoße abschmecken.

5 Die Korianderblätter grob hacken und den größten Teil davon zusammen mit den Zwiebel-/Lauchringen zur Suppe geben.

6 Suppe 1 Minute kochen, dann in vorgewärmte Schüsseln füllen, mit dem übrigen Koriander sowie – falls gewünscht – den Chilistreifen garnieren und sofort servieren.

Zubereitungstipp

Als Beilage bieten sich Reiswaffeln an oder – als nahrhaftere Variante – Nudeln. Diese einfach zur Suppe geben und mitkochen, bis sie gar sind.

71 kcal/297 kJ; 7,2 g Protein; 4,2 g Kohlenhydrate, davon 3,5 g Zucker; 2,9 g Fett, davon 0,4 g gesättigte Fette; 0 mg Cholesterin; 372 mg Calcium; 2,6 g Ballaststoffe; 884 mg Natrium

Bohnensuppe mit Avocadosalsa

Diese aromatische Suppe spendet Wärme an einem kalten Tag und ergibt zusammen mit der Avocadosalsa eine nährstoffreiche vegetarische Mahlzeit. Die enthaltenen Kohlenhydrate verleihen uns Energie, ohne den Blutzucker in die Höhe schnellen zu lassen.

Für 6 Portionen
2 EL Olivenöl
2 gehackte Zwiebeln
2 gehackte Knoblauchzehen
2 TL gemahlener Kreuzkümmel (Cumin)
¼ TL Cayennepfeffer, 1 EL Paprikapulver
1 EL Tomatenmark
½ TL getrockneter Oregano
400 g gehackte Tomaten (Dosenware)
800 g rote Kidneybohnen (Dosenware),
    abgegossen und gespült
900 ml Wasser
Salz und gemahlener schwarzer Pfeffer
Tabascosoße nach Geschmack

Für die Avocadosalsa
2 Avocados
1 kleine rote Zwiebel, fein gehackt
1 grüne Chilischote, entkernt und fein gehackt
1 EL frischer Koriander, gehackt
Saft von 1 Zitrone

1 Das Öl in einer großen Pfanne erhitzen, die Zwiebeln und den Knoblauch darin 4–5 Minuten dünsten. Kreuzkümmel, Cayennepfeffer und Paprikapulver zugeben und unter ständigem Rühren 1 Minute anrösten.

> **Zubereitungstipp**
> Bereiten Sie gleich eine größere Menge zu und frieren Sie die Suppe portionsweise ein. So können Sie jederzeit auf ein schnelles Mittags- oder Abendessen zurückgreifen.

> **Variante**
> Statt mit der Salsa können Sie die Suppe auch mit einem pochierten Ei und einigen sautierten roten Paprikastreifen garnieren.

2 Das Tomatenmark beimengen und einige Sekunden erhitzen, dann den Oregano unterrühren und die Dosentomaten, die Kidneybohnen und das Wasser zugeben.

3 Die Tomaten-Bohnen-Mischung zum Kochen bringen und 15–20 Minuten simmern lassen. Dann die Suppe leicht abkühlen lassen und in einem Mixer beziehungsweise in der Küchenmaschine zu einer glatten Masse pürieren. Diese zurück in die (ausgespülte) Pfanne schütten und abschmecken.

4 Für die Avocadosalsa die Avocados halbieren, entkernen, schälen und in feine Würfel schneiden. Diese in eine kleine Schüssel geben und vorsichtig, aber gründlich mit der Zwiebel, der Chili, dem Koriander und dem Zitronensaft vermischen.

5 Die Suppe erneut erwärmen und mit einem Klecks Avocadosalsa servieren. Nach Geschmack mit Tabasco würzen.

254 kcal/1064 kJ; 10,8 g Protein; 29,2 g Kohlenhydrate, davon 9,1 g Zucker; 11,2 g Fett, davon 2,1 g gesättigte Fette; 0 mg Cholesterin; 111 mg Calcium; 10,6 g Ballaststoffe; 535 mg Natrium

Laksa mit Shiitakepilzen und Zwiebeln

Diese scharf-saure Nudelsuppe eignet sich gut als leichtes Mittagsgericht, da sie nur wenig Fett und Kalorien enthält. Zudem machen die Shiitakepilze – die sich günstig auf den Cholesterinspiegel auswirken sollen – sie zu einem echten Geschmackserlebnis.

Für 6 Personen

150 getrocknete Shiitakepilze
1,2 l kochende Gemüsebrühe
2 EL Tamarindenpaste
250 ml heißes Wasser
6 große getrocknete Chilischoten, entstielt und
  entkernt
2 Stängel Zitronengras
1 TL Kurkuma
1 EL frischer Galgant, gerieben
1 gehackte Zwiebel
1 TL Garnelenpaste
2 EL Öl
2 EL Palmzucker
175 g Reisnudeln
1 rote Zwiebel, in sehr feine Ringe geschnitten
1 kleine Gurke, entkernt und in Streifen
  geschnitten
1 Handvoll Minzblätter zum Garnieren

1 Die Pilze in eine Schüssel geben, mit der kochenden Brühe bedecken und ca. 30 Minuten einweichen.

2 Die Tamarindenpaste mit heißem Wasser übergießen und mit einer Gabel vermischen. Das Wasser abseihen und auffangen, den Tamarindenbrei wegwerfen.

3 Die Chilischoten 5 Minuten in heißem Wasser einweichen, das Wasser nicht wegschütten.

4 Zitronengras, Kurkuma, Galgant, Zwiebel und Garnelenpaste unter Zugabe des Chiliwassers im Mixer oder in der Küchenmaschine zu einer Paste verarbeiten.

5 Das Öl in einer großen Pfanne erhitzen und darin die Gewürzpaste bei niedriger Temperatur 4–5 Minuten dünsten, bis sie ihr Aroma freisetzt.

6 Die Tamarindenflüssigkeit zugeben, das Ganze zum Kochen bringen, 5 Minuten simmern lassen, dann vom Herd nehmen. Die Pilze abgießen, die Flüssigkeit auffangen.

7 Die Stiele der Pilze entfernen, große Pilze halbieren oder vierteln. Dann die Pilze zusammen mit dem Einweichwasser, der übrigen Brühe und dem Palmzucker in die Pfanne geben. Die Suppe 25–30 Minuten kochen, bis die Pilze weich sind.

8 Die Reisnudeln in eine Schüssel füllen, mit kochendem Wasser bedecken und 4 Minuten (beziehungsweise nach Packungsanleitung) ziehen lassen.

9 Gut abseihen und auf sechs Schüssel verteilen. Die Zwiebelringe und die Gurke daraufgeben und mit der kochenden Suppe aufgießen. Mit Minzblättern garnieren und sofort servieren.

146 kcal/611 kJ; 4,4 g Protein; 27,1 g Kohlenhydrate, davon 3,7 g Zucker; 2,3 g Fett, davon 0,3 g gesättigte Fette; 4 mg Cholesterin; 27 mg Calcium; 1 g Ballaststoffe; 54 mg Natrium

Hühnersuppe mit Reis und Zitronengras

Diese Hühnersuppe mit Reis ist bekömmlich und erfrischend. Der Reis und das Geflügelfleisch sind leicht verdaulich sowie fett- und kalorienarm – genau das Richtige, um Sie wieder aufzubauen, wenn Sie gerade nicht ganz auf der Höhe sind.

Für 4 Portionen

1 kleines Huhn oder 2 fleischige Hühnerschenkel
2 Stängel Zitronengras, geputzt, in 3 Stücke
   geschnitten und leicht zerquetscht
1 EL thailändische Fischsoße, z. B. Nam Pla
90 g gewaschener Rundkornreis
1 kleiner Bund Koriander, Blätter fein gehackt,
   sowie 1 grüne oder rote Chili, entkernt und in
   feine Streifen geschnitten (zum Garnieren)
1 in Spalten geschnittene Limette (zum Garnieren)
Meersalz, gemahlener schwarzer Pfeffer

Für die Brühe

1 geviertelte Zwiebel
2 zerdrückte Knoblauchzehen
25 g frischer Ingwer, in Scheiben geschnitten
2 Stängel Zitronengras, der Länge nach halbiert
   und zerquetscht
2 getrocknete rote Chilis, 2 EL Thai-Soße

4 Das Hühnerfleisch zugeben. Die Suppe nach Geschmack würzen und kochend heiß in vorgewärmte Schalen füllen. Mit dem gehackten Koriander sowie den Chilistreifen garnieren und zusammen mit den Limettenspalten servieren.

1 Das Huhn in einen tiefen Topf geben, die Zutaten für die Brühe hinzufügen, mit 2 Liter Wasser aufgießen und zum Kochen bringen. Einige Minuten kochen, dann die Hitze reduzieren und 2 Stunden mit aufgelegtem Deckel simmern lassen.

2 Fett abschöpfen, die Brühe abseihen und beiseitestellen. Das Huhn häuten. Das Fleisch von den Knochen lösen, klein schneiden und beiseitestellen.

3 Die Brühe zurück in den Topf schütten und zum Kochen bringen. Dann die Hitze reduzieren und die Zitronengrasstängel sowie die Fischsoße zugeben. Den Reis einrühren und ohne Deckel rund 40 Minuten simmern lassen.

147 kcal/615 kJ; 12,8 g Protein; 19,8 g Kohlenhydrate, davon 1,4 g Zucker; 1,7 g Fett, davon 0,4 g gesättigte Fette; 53 mg Cholesterin; 37 mg Calcium; 0,8 g Ballaststoffe; 320 mg Natrium

Guacamole

Dieses einfache und schmackhafte Gericht ist bei Groß und Klein beliebt, vor allem als Dip. Mit ihren gesunden, einfach ungesättigten Fetten ergeben die Avocados eine wunderbar cremige Basis, sodass weder Sahne noch Mayonnaise benötigt werden.

Für 6 Portionen
2 große, reife Avocados, 2 rote Chilis, entkernt
1 Knoblauchzehe, 1 Frühlingszwiebel
2 EL natives Olivenöl extra sowie 2 EL
   zum Beträufeln
Saft von 1 Zitrone oder Limette
Salz und gemahlener schwarzer Pfeffer
Blätter von der glatten Petersilie zum Garnieren
rohes Gemüse zum Dippen, zum Beispiel Gurke,
   Karotten, rote Paprika oder Sellerie

1 Die Avocados halbieren und vorsichtig entkernen.

2 Das Fruchtfleisch mit einem Löffel aus der Schale heben und in eine Rührschüssel geben. Mit einer Gabel oder einem Kartoffelstampfer zu einer glatten Masse verarbeiten.

3 Die entkernten Chilis, den Knoblauch und die Frühlingszwiebel fein hacken und zusammen mit dem Olivenöl sowie dem Zitronen-/Limettensaft unter die Avocadomasse mischen. Nach Geschmack würzen.

4 Die Guacamole in eine kleine Schüssel füllen und mit Olivenöl beträufeln. Mit einigen Petersilienblättern garnieren und mit dem Gemüse sofort servieren.

Zubereitungstipp
Bewahren Sie die Guacamole bis zum Servieren in einem geeigneten Gefäß mit Deckel im Kühlschrank auf. Das verlangsamt die Braunfärbung der Avocados.

Superfood-Tipp
Sie können den Nährstoffgehalt dieses Superfood-Gerichts weiter erhöhen, indem Sie fein gehacktes Gemüse wie Tomaten oder Paprika vor dem Servieren zugeben. Das verleiht ihm nicht nur zusätzliche Vitamine, sondern auch Farbe und eine wunderbar knackige Textur.

172 kcal/709 kJ; 1 g Protein; 2 g Kohlenhydrate, davon 1 g Zucker; 18 g Fett, davon 3 g gesättigte Fette; 0 mg Cholesterin; 9 mg Calcium; 0,1 g Ballaststoffe; 70 mg Natrium

Artischocken-Cumin-Dip

Dieser Dip ist einfach zuzubereiten und extrem schmackhaft. Artischocken sind ein exzellenter Ballaststofflieferant und halten die Leber gesund. Zusammen mit Oliven, Hummus und Pitabrot ergibt der Dip ein bekömmliches mediterranes Mittagessen.

Für 4 Portionen

2 x 400 g Artischockenherzen (Dosenware),
   abgegossen
2 geschälte Knoblauchzehen
½ TL gemahlener Kreuzkümmel (Cumin)
Olivenöl
Salz und gemahlener schwarzer Pfeffer

2 Die Artischocken-Kreuzkümmel-Masse in eine Schüssel oder Schale füllen, mit Olivenöl beträufeln und servieren. Nach Geschmack rohe Gemüsesticks und warmes Pitabrot zum Dippen dazu reichen.

1 Die Artischockenherzen zusammen mit dem Knoblauch, dem Kreuzkümmel und einem kräftigen Schuss Olivenöl in der Küchenmaschine zu einem glatten Püree verarbeiten. Großzügig mit Salz und gemahlenem schwarzen Pfeffer würzen.

Zubereitungstipp

Um den Dip warm zu genießen, verteilen Sie ihn auf einem flachen, ofenfesten Teller, bestreuen ihn mit geriebenem Käse und grillen ihn 5 Minuten im Backofen.

42 kcal/172 kJ; 0,6 g Protein; 1,2 g Kohlenhydrate, davon 0,9 g Zucker; 3,9 g Fett, davon 0,5 g gesättigte Fette; 0 mg Cholesterin; 41 mg Calcium; 1,2 g Ballaststoffe; 60 mg Natrium

Hummus

Mit seinem hochwertigen Protein und der beeindruckenden Bandbreite an Vitaminen und Mineralstoffen ist dieser Dip ein wunderbar leichtes Mittag- oder Abendessen – insbesondere wenn Sie ihn mit Gemüsesticks und Pitabrot servieren.

Für 4–6 Portionen

225 g getrocknete Kichererbsen, mindestens
   6 Stunden in Wasser eingeweicht, oder
   800 g Dosenware, abgegossen
3–4 EL Olivenöl
Saft von 1–2 Zitronen
2 zerdrückte Knoblauchzehen
1 TL Kreuzkümmelsamen
1–2 EL Naturjoghurt (probiotisch)
Salz und gemahlener schwarzer Pfeffer
1 EL Olivenöl und etwas Paprikapulver zum
   Garnieren

3 Olivenöl, Zitronensaft, Knoblauch sowie Kreuzkümmel hinzufügen und gründlich einarbeiten. Dann die Erbsenmasse mit Joghurt auflockern, nach Geschmack salzen und pfeffern. Gegebenenfalls ein wenig mehr Zitronensaft oder Olivenöl zugeben.

4 Den Hummus in eine Schüssel füllen und etwas Olivenöl darüberträufeln, damit er nicht austrocknet. Zum Schluss mit etwas Paprika bestreuen, mit warmem Brot oder Karotten- und Selleriesticks servieren.

1 Die getrockneten Kichererbsen abseihen und zusammen mit reichlich Wasser in einem Topf zum Kochen bringen. Dann die Hitze reduzieren und zugedeckt rund 1 Stunde simmern lassen. Anschließend abseihen.

2 Die Kichererbsen in ein sauberes Küchenhandtuch geben und gegeneinanderreiben, um die losen Häute zu entfernen. Dann die Erbsen mithilfe einer Küchenmaschine oder eines Mixers zu einem dicken Püree verarbeiten.

190 kcal/798 kJ; 8,4 g Protein; 19,3 g Kohlenhydrate, davon 1,4 g Zucker; 9,4 g Fett, davon 1,3 g gesättigte Fette; 0 mg Cholesterin; 70 mg Calcium; 4,1 g Ballaststoffe; 19 mg Natrium

Tofu-Falafeln mit Leinsamenöl

Statt der traditionellen Kichererbsen verwendet dieses Rezept Tofu und Leinsamenöl, das reich an Omega-3-Fettsäuren ist. Eine wunderbare Beilage zu den knusprigen, proteinreichen Bällchen bilden Vollkorn-Pitabrot und eine süße Chilisoße.

Für 4–6 Portionen

2 EL Pflanzenöl
2 fein gehackte große Zwiebeln
3 zerdrückte Knoblauchzehen
500 g fester Tofu, 200 g Semmelbrösel
1 Bund frische Petersilie, fein gehackt
1 EL Leinsamenöl, 3 EL Sojasoße
50 g geröstete Sesamkörner
1 TL gemahlener Kreuzkümmel (Cumin)
1 EL gemahlenes Kurkuma
4 EL Tahini (siehe Zubereitungstipps)
Saft von 1 Zitrone, ¼ TL Cayennepfeffer

1 Das Pflanzenöl in einer großen Pfanne erhitzen, die Zwiebeln und den Knoblauch 2–3 Minuten darin anschwitzen. Zur Seite stellen und leicht auskühlen lassen.

2 Den Backofen auf 180 °C (Umluft 160 °C) vorheizen. Die verbleibenden Zutaten in einer großen Schüssel gut miteinander vermengen, zum Schluss die Zwiebelmischung unterrühren.

3 Aus der Masse Bällchen mit einem Durchmesser von 2,5 cm formen und auf ein eingefettetes Backblech setzen. 30 Minuten backen – die Falafeln sollen außen knusprig, innen aber noch feucht sein.

4 In jede der heißen Falafeln einen Cocktailspieß oder Zahnstocher stecken und sofort mit Hummus und warmen Pitabrotscheiben servieren.

Variante

Für einen schnellen Alternativ-Dip vermengen Sie einfach 1 EL gehackte Minze und 2 EL Crème fraîche.

Zubereitungstipps

- Tahini, eine Paste aus gemahlenen Sesamkörnern, erhalten Sie in gut sortierten Supermärkten oder Reformhäusern.
- Sie können den Tofu auch mit der Küchenmaschine oder dem Mixer zu einer glatten Paste verarbeiten, bevor Sie die anderen Zutaten hinzufügen.

341 kcal/1422 kJ; 14 g Protein; 22 g Kohlenhydrate, davon 5 g Zucker; 23 g Fett, davon 3 g gesättigte Fette; 0 mg Cholesterin; 611 mg Calcium; 2,5 g Ballaststoffe; 718 mg Natrium

Sprossensalat mit Cashewdressing

Bei diesem Salat handelt es sich um eine spannende Mischung von verschiedenen Farben, Texturen und Aromen, die zudem höchst nährstoffreich ist. Seien Sie ruhig experimentierfreudig und finden Sie Ihre persönliche Lieblings-Sprossenmischung.

Für 2 Portionen

130 g Cashewkerne
1 rote Paprika, entkernt und fein gehackt
90g Sprossen (Mungo-, Adzuki-, Kichererbsen-
  sprossen ...)
½ kleine Gurke, gehackt
Saft von ½ Zitrone
1 kleiner Bund Petersilie, Koriander oder
  Basilikum, fein gehackt
1 TL Sonnenblumen-, Sesam- oder Kürbiskerne

1 Die Cashewkerne einige Stunden in 90 ml Wasser einweichen, bis sie prall sind, am besten über Nacht.

Zubereitungstipps

- Die Cashewcreme lässt sich auch für zahlreiche andere Salate als Dressing sowie als Soße verwenden. Cashewnüsse sind reich an einfach ungesättigten Fettsäuren und werden wegen ihrer herzschützenden sowie antikarzinogenen Eigenschaften geschätzt.
- Grundsätzlich können Sie alle Arten von Sprossen verwenden. Kaufen Sie möglichst frische Sprossen mitsamt den Samen und spülen Sie sie vor Verwendung gründlich unter kaltem Wasser. Schleimige und muffige Sämlinge gehören in den Mülleimer. Am besten verzehren Sie die Sprossen noch am Tag des Kaufs, im Kühlschrank halten sie sich – in einen Plastikbeutel gewickelt – aber auch 2–3 Tage.

2 Die Nüsse mitsamt dem Wasser in der Küchenmaschine zu einer glatten Creme verarbeiten, gegebenenfalls weiteres Wasser zugeben.

3 Paprika, Sprossen, Gurke und Zitronensaft in einer Schüssel vermischen. Die Cashewcreme darübergießen und mit den Kräutern sowie Samen bestreut servieren.

352 kcal/159 kJ; 12 g Protein; 18 g Kohlenhydrate, davon 10 g Zucker; 26 g Fett, davon 5 g gesättigte Fette; 0 mg Cholesterin; 78 mg Calcium; 4,7 g Ballaststoffe; 19 mg Natrium

Marinierter Tofu mit Brokkoli

Durch das Dämpfen bleiben die wertvollen Nährstoffe im Brokkoli enthalten – und zusammen mit dem marinierten Tofu ergibt dieser ein leckeres und nahrhaftes Mittagessen. Die Zwiebeln und Sesamkörner sorgen für einen zusätzlichen Nährstoffschub.

Für 4 Portionen

500 g fester Tofu, ausgepresst
3 EL indonesische Sojasoße
3 EL Sojasoße, 2 EL süße Chilisoße
1 TL Sesamöl, 1 TL frischer Ingwer, gerieben
400 g Brokkolini (Spargelbrokkoli), der
   Länge nach halbiert
3 EL grob gehackter Koriander
2 EL geröstete Sesamkerne
2 EL geröstete Frühlingszwiebeln
gedämpfter weißer Reis oder Nudeln als Beilage

1 Den Tofublock in 4 gleich große Dreiecke schneiden und auf einen feuerfesten Teller legen.

2 Die Sojasoßen, die Chilisoße, das Sesamöl und den Ingwer in einer kleinen Schüssel vermischen und über den Tofu gießen. Die Dreiecke mindestens 30 Minuten ziehen lassen, gelegentlich wenden.

3 Den Brokkoli mithilfe eines entsprechenden Einsatzes im Wok zugedeckt 4–5 Minuten dämpfen, bis er bissfest ist. Aus dem Wok herausheben und warm halten.

4 Den Brokkoli auf 4 vorgewärmte Teller verteilen und jeweils ein Tofu-Dreieck daraufsetzen.

5 Die verbliebene Marinade über Tofu und Brokkoli verteilen und beides mit dem Koriander, den Sesamkernen und den gerösteten Frühlingszwiebeln bestreuen. Sofort mit gedämpftem weißen Reis oder Nudeln servieren.

Superfood-Tipp

Fester Tofu ist eine hervorragender Quelle für pflanzliche Omega-3-Fettsäuren.

Variante

Für eine gehaltvollere Mahlzeit servieren Sie das Gericht mit Frühlingszwiebeln und braunem Reis oder Buchweizennudeln.

202 kcal/840 kJ; 16,5 g Protein; 6,9 g Kohlenhydrate, davon 5,6 g Zucker; 12,1 g Fett, davon 1,7 g gesättigte Fette; 0 mg Cholesterin; 750 mg Calcium; 3,5 g Ballaststoffe; 938 mg Natrium

Geröstete Paprika und Tomaten

Das Anisaroma der Süßdolde und der Fenchel ergänzen sich wunderbar mit dem wohlschmeckenden Gemüse und den pikanten Kapern. Dank des in den Paprika und Tomaten enthaltenen Lycopins steckt dieses Gericht voller Antioxidantien.

Für 4 Portionen

4 rote oder gelbe Paprikaschoten, halbiert und entkernt
8 kleine oder 4 mittelgroße Tomaten
1 EL halbreife Süßdoldensamen
1 EL Fenchelsamen
1 EL Kapern, gespült
4 Süßdoldenblüten, frisch aufgeblüht, ohne Stiel
4 EL Olivenöl
einige kleine Süßdoldenblätter und -blüten zum Garnieren

1 Den Backofen auf 180 °C (Umluft 160 °C) vorheizen. Die halbierten Paprikaschoten mit der Schnittfläche nach oben in eine feuerfeste Auflaufform legen, beiseitestellen.

2 Die Tomaten in eine Schüssel geben und mit kochendem Wasser übergießen. 1 Minute ziehen lassen, dann schälen. Die halbierten Paprikaschoten jeweils mit 1 Tomate (mittelgroße Tomaten halbieren) füllen.

3 Mit den Süßdoldensamen, Fenchelsamen und Kapern sowie der Hälfte der Süßdoldenblüten bestreuen. Mit Olivenöl beträufeln und 1 Stunde im Backofen rösten. Mit den übrigen Süßdoldenblüten und -blättern garniert sofort servieren.

Variante

Statt der Süßdolden können Sie auch verschiedene andere Kräuter verwenden, zum Beispiel Kerbel oder Liebstöckel. Allerdings erhält das Gericht damit auch eine andere Geschmacksnote.

172 kcal/714 kJ; 2,5 g Protein; 14,3 g Kohlenhydrate, davon 13,8 g Zucker; 12 g Fett, davon 1,9 g gesättigte Fette; 0 mg Cholesterin; 21 mg Calcium; 3,8 g Ballaststoffe; 16 mg Natrium

Rote-Zwiebel-Tarte

Rote Zwiebeln sind reich an Antioxidantien und wunderbar mild, wenn sie langsam gegart werden. Die karamellisierten Zwiebeln ergeben eine saftig-süße Füllung mit dem Fontinakäse als reichhaltigen, cremigen Kontrast.

Für 5–6 Portionen
4 EL Olivenöl
1 kg in feine Ringe geschnittene rote Zwiebeln
2 in feine Scheiben geschnittene Knoblauchzehen
1 TL frischer Thymian, gehackt, sowie einige
  ganze Zweige
1 TL Rohzucker
2 TL Sherryessig
225 g in dünne Scheiben geschnitter Fontina
Salz und gemahlener schwarzer Pfeffer

Für den Teig
115 g Mehl
75 g feines gelbes Maismehl
1 TL Rohzucker
1 TL frischer Thymian, gehackt
90 g Butter
1 Eigelb
45 ml Eiswasser

1 Für den Teig das Mehl und das Maismehl in eine Schüssel mit 1 TL Salz sieben. Reichlich schwarzen Pfeffer zugeben und zusammen mit dem Zucker und dem Thymian untermischen. Die Butter einarbeiten, bis sich Brösel bilden.

2 Das Eigelb mit 30 ml Eiswasser aufschlagen und damit den Teig binden. Falls nötig, das restliche Eiswasser zugeben. Mit den Fingerspitzen eine Kugel formen und diese in Frischhaltefolie gewickelt 30–40 Minuten durchkühlen lassen

3 3 EL des Öls in einer großen, tiefen Pfanne erhitzen. Die Zwiebeln zugeben und zugedeckt 20–30 Minuten garen, gelegentlich umrühren. Die Zwiebeln sollten leicht Farbe nehmen, aber nicht zu dunkel werden.

4 Knoblauch und gehackten Thymian zugeben und weitere 10 Minuten garen lassen. Dann die Hitze leicht erhöhen und Zucker sowie Essig hinzufügen. Ohne Deckel noch einmal 5–6 Minuten garen, bis die Zwiebeln beginnen zu karamellisieren. Nach Geschmack salzen und pfeffern, auskühlen lassen.

5 Den Backofen auf 190 °C (Umluft 170 °C) vorheizen. Den Teig dünn ausrollen und damit eine Quicheform (Ø 25 cm) – inkl. Rand – auslegen. Den Rand gegebenenfalls mit Folie stabilisieren.

6 Mit einer Gabel kleine Löcher einstechen und 12–15 Minuten backen, bis sich der Teig goldgelb zu färben beginnt.

7 Die Folie entfernen und die Zwiebeln gleichmäßig auf dem Teig verteilen. Mit dem Käse bestreuen, nach Geschmack mit Pfeffer würzen.

8 Das verbliebene Öl über die Zwiebel-Käse-Mischung träufeln und die Tarte 15–20 Minuten backen, bis der Käse Blasen wirft. Mit den Thymianzweigen garniert sofort servieren, dazu einen Tomaten-Basilikum-Salat reichen.

621 kcal/2581 kJ; 18,1 g Protein; 45,6 g Kohlenhydrate, davon 12,5 g Zucker; 40,6 g Fett, davon 20,7 g gesättigte Fette; 122 mg Cholesterin; 424 mg Calcium; 3,8 g Ballaststoffe; 443 mg Natrium

Tartelettes mit Knoblauchgarnelen

Diese leichten, wohlschmeckenden Blätterteigtartelettes sind mit pikantem Knoblauch und Garnelen gefüllt. Letztere sind reich an Eiweiß und enthalten wenig Fett. Mit Salat oder neuen Kartoffeln serviert ergeben die Tartelettes eine ausgewogene Mahlzeit.

Für 4 Portionen

Für die Tartelettes

50 g zerlassene Butter
2–3 große Blätterteigblätter (TK-Ware)

Für die Füllung

115 g Butter
2–3 zerdrückte Knoblauchzehen
1 rote Chili, entkernt und gehackt
350 g Garnelen, gekocht und geschält
2 EL frische Petersilie oder frischen Schnittlauch, gehackt
Salz und gemahlener schwarzer Pfeffer

1 Den Backofen auf 200 °C vorheizen (Umluft 180 °C). 4 Tartlettformen (Ø 7,5 cm) mit der zerlassenen Butter ausstreichen.

2 Den Blätterteig in 12 Quadrate von je 10 x 10 cm schneiden und diese mit der zerlassenen Butter bestreichen.

3 Je 1 Form mit 3 Teigquadraten überlappend auslegen. Dabei die Ränder vorsichtig kräuseln, sodass ein „Körbchen" mit einer Vertiefung in der Mitte entsteht. Die Blätterteigkörbchen nochmals mit Butter bestreichen.

4 Im Backofen 10–15 Minuten backen, bis der Teig knusprig und goldbraun ist. Die Tartelettes etwas auskühlen lassen und aus der Form lösen.

5 In der Zwischenzeit die Füllung zubereiten: Die Butter in einer Pfanne schmelzen, Knoblauch, Chili und Garnelen zugeben und 1–2 Minuten anbraten. Petersilie oder Schnittlauch untermischen, salzen und großzügig pfeffern. Die Garnelenfüllung mit einem Löffel in die Tartelettes füllen und sofort servieren.

Zubereitungstipp
Wenn Sie gern scharf essen, nehmen Sie 2 statt 1 Chilischote für die Füllung. Oder Sie verwenden eine schärfere Varietät.

440 kcal/1825 kJ; 17,6 g Protein; 15 g Kohlenhydrate, davon 0,7 g Zucker; 34,8 g Fett, davon 21,6 g gesättigte Fette; 259 mg Cholesterin; 118 mg Calcium; 1 g Ballaststoffe; 419 mg Natrium

Chili-Dip mit Bohnen

Diesen cremig-scharfen Dip servieren Sie am besten mit warmem Pitabrot oder einer Schale Tortilla-Chips. Die Bohnen versorgen Sie mit Ballaststoffen und Protein, während die in den Chilis enthaltenen Phytochemikalien den Kreislauf anregen.

Für 4 Portionen

2 grüne Chilis, 2 Knoblauchzehen
1 Zwiebel, 2 EL Pflanzenöl
1–2 TL scharfes Chilipulver
400 g Kidneybohnen (Dosenware)
75 g geriebener reifer Cheddar/mittelalter Edamer
1 entkernte rote Chili, Salz und Pfeffer

1 Die grünen Chilis entkernen und ebenso wie den Knoblauch und die Zwiebel fein hacken.

2 Das Öl in einem großen Topf erhitzen, den Knoblauch, die Zwiebeln, die Chilis und das Chilipulver darin 5 Minuten unter regelmäßigem Umrühren dünsten, bis die Zwiebeln glasig und weich sind.

3 Die Kidneybohnen abseihen, die Flüssigkeit auffangen. Bis auf 2 EL alle Bohnen mit dem Mixer oder der Küchenmaschine zu einem Püree verarbeiten oder – für eine gröbere Textur – von Hand zerstampfen.

4 Das Bohnenpüree mit 2–3 EL der aufgefangenen Flüssigkeit in den Topf geben. Sanft erhitzen, dabei öfter umrühren, um alles gut zu durchmischen.

5 Dann die übrigen Bohnen und den Käse untermischen. Bei geringer Hitze 2–3 Minuten kochen, bis der Käse geschmolzen ist. Nach Geschmack würzen.

6 Die rote Chili in feine Streifen schneiden. Den Dip auf 4 separate Schüsseln verteilen und mit den Chilistreifen garnieren. Warm servieren und dazu warmes Pitabrot oder Tortilla-Chips reichen.

Zubereitungstipp

Vorsicht im Umgang mit Chilis! Sie können Irritationen der Haut und der Augen auslösen.

240 kcal/1002 kJ; 12,3 g Protein; 20,3 g Kohlenhydrate, davon 5,4 g Zucker; 12,3 g Fett, davon 4,8 g gesättigte Fette; 18 mg Cholesterin; 219 mg Calcium; 6,6 g Ballaststoffe; 527 mg Natrium

Pilze mit Kräuter-Adzukibohnen-Füllung

Portobello-Champignons haben ein reiches Aroma und eine fleischige Textur, die wunderbar mit der duftenden Bohnen-Kräuter-Füllung harmoniert. Die Bohnen – reich an Ballaststoffen und arm an Fett – verleihen der Füllung Gehalt.

Für 4–6 Portionen

200 g getrocknete Adzukibohnen oder
   400 g Dosenware, abgegossen
3 EL Olivenöl sowie zusätzliches Öl zum
   Bestreichen
1 fein gehackte Zwiebel
2 zerdrückte Knoblauchzehen
2 EL gehackter frischer oder
   1 TL getrockneter Thymian
8 große Portobello-Champignons, die Stiele
   fein gehackt
50 g Vollkornbrotkrümel
Saft von 1 Zitrone
185 g zerkrümelter Ziegenkäse
Salz und frisch gemahlener schwarzer Pfeffer

Für die Pinienkernsoße

50 g geröstete Pinienkerne
50 g Weißbrotwürfel
2 gehackte Knoblauchzehen
200 ml Halbfettmilch
3 EL Olivenöl
1 EL gehackte frische Petersilie zum Garnieren
   (optional)

1 Getrocknete Bohnen über Nacht einweichen, abgießen und gut spülen. Mit Wasser bedeckt in einem Topf zum Kochen bringen, 10 Minuten sprudelnd kochen. Dann die Hitze reduzieren, die Bohnen 30 Minuten weich kochen und abgießen. Bohnen aus der Dose waschen, gut abgießen und beiseitestellen.

> ### Superfood-Tipp
> Alle Bohnensorten sind reich an Eiweiß und Ballaststoffen sowie fettarm. Zudem enthalten sie einige B-Vitamine und Eisen.

2 Den Backofen auf 200 °C (Umluft 180 °C) vorheizen. Das Olivenöl in einer Pfanne erhitzen, die Zwiebeln und den Knoblauch 5 Minuten darin dünsten. Den Thymian und die gehackten Pilzstiele zugeben und unter gelegentlichem Umrühren weitere 3 Minuten garen.

3 Die Bohnen, die Brotkrümel sowie den Zitronensaft unterrühren, kräftig würzen und alles 2 Minuten durcherhitzen. ⅔ der Bohnen mit einer Gabel oder einem Kartoffelstampfer zerquetschen, die restlichen Bohnen ganz lassen.

4 Ein Backblech fetten. Die Oberseite und die Seiten der Pilzhüte mit Öl bestreichen und diese mit je einem Löffel der Bohnenmischung füllen. Die Pilze auf das Blech setzen, mit Alufolie abdecken und 20 Minuten backen. Danach die Folie entfernen, jeden Pilz mit dem Ziegenkäse bestreuen und weitere 15 Minuten backen.

5 Für die Pinienkernsoßen alle Zutaten in einem Mixer zu einer glatten, cremigen Masse verarbeiten. Ist diese zu dick, mehr Milch zugeben. Mit der Petersilie bestreuen und zusammen mit den Pilzen servieren.

406 kcal/1694 kJ; 17,5 g Protein; 25,9 g Kohlenhydrate, davon 5,9 g Zucker; 26,6 g Fett, davon 8 g gesättigte Fette; 31 mg Cholesterin; 159 mg Calcium; 6,1 g Ballaststoffe; 573 mg Natrium

Lauchterrine mit roten Paprika

Diese optische ansprechende Terrine ist ein leichtes, wohlschmeckendes Sommergericht. Sowohl Lauch als auch Paprika sind reich an Antioxidantien, die helfen, das Krebsrisiko zu senken. Das Olivenöl enthält zudem herzschützende ungesättigte Fettsäuren.

Für 6–8 Portionen
1,8 kg Lauch (schlanke Stangen)
4 große rote Paprika, halbiert und entkernt
1 EL natives Olivenöl extra
2 TL Balsamicoessig
1 TL geröstete Kreuzkümmelsamen, gemahlen
Salz und gemahlener schwarzer Pfeffer

Für das Dressing
120 ml natives Olivenöl extra
1 geschälte Knoblauchzehe, zerdrückt
1 TL Dijonsenf
1 TL Sojasoße
1 EL Balsamicoessig
1 Prise extrafeiner Zucker
1 TL geröstete Kreuzkümmelsamen, gemahlen
1–2 EL frische Kräuter (Basilikum und glatte
    Petersilie)

1 Eine 23 cm lange Terrinen- oder Brotbackform mit Frischhaltefolie auskleiden, dabei Folie an den Rändern überstehen lassen. Die Lauchstangen auf die Länge der Form zuschneiden.

2 Den Lauch in Salzwasser 5–7 Minuten garen, bis er bissfest ist. Gut abgießen und etwas abkühlen lassen. Dann möglichst viel Wasser aus dem Lauch herauspressen und auf einem Geschirrtuch trocknen lassen.

3 Die Paprika mit der Schnittfläche nach unten grillen, bis die Haut schwarz wird und Blasen wirft. In einer Schüssel zugedeckt 10 Minuten ziehen lassen, dann schälen und in lange Streifen schneiden. Diese zusammen mit dem Öl, dem Essig und dem Kreuzkümmel in eine Schüssel geben, nach Geschmack mit Salz und Pfeffer würzen und alles gut durchmischen.

4 Den Lauch leicht salzen und pfeffern, dann abwechselnd mit den Paprikastreifen so in die Terrinenform schichten, dass die weißen und grünen Lauchstücke jeweils eine eigene Schicht bilden. Dabei mit einer Schicht Paprika beginnen.

5 Die Terrine mit der überstehenden Folie bedecken, einen Teller darauflegen und diesen beschweren (zum Beispiel mit Konservendosen). Einige Stunden oder über Nacht kalt stellen.

6 Für das Dressing Öl, Knoblauch, Senf, Sojasoße und Essig in einem Becher gründlich verquirlen. Den Zucker sowie Kreuzkümmel nach Geschmack untermischen, einige Stunden stehen lassen. Den Knoblauch entfernen und die Kräuter zugeben.

7 Die Terrine aus der Form stürzen und in dünne Scheiben schneiden. Jeweils 1–2 Scheiben mit etwas Dressing beträufeln und servieren.

171 kcal/710 kJ; 4,6 g Protein; 12,4 g Kohlenhydrate, davon 10,5 g Zucker; 11,7 g Fett, davon 1,8 g gesättigte Fette; 0 mg Cholesterin; 66 mg Calcium; 6,4 g Ballaststoffe; 161 mg Natrium

Makrelenfarce

Makrelen sind nicht nur günstig und überall erhältlich, sondern auch sehr gute Quellen für Omega-3-Fettsäuren, die gut für Ihre Herzgesundheit sind. Zudem lässt sich diese Farce, die Kinder und Erwachsenen gleichermaßen schmeckt, schnell zubereiten.

Für 4–6 Portionen
225 g Crème fraîche oder griechischer Joghurt
Schale von ½ Zitrone, einige Petersilienzweige
225 g geräuchertes Makrelenfilet
1–2 TL Meerrettich
1 EL Zitronensaft
gemahlener schwarzer Pfeffer
Krustenbrot, warmer Toast oder Cracker als Beilage
Zitronenspalten zum Beträufeln

1 Die Crème fraîche oder den Joghurt zusammen mit der Zitronenschale und einigen der Petersilienzweige in einen Mixer oder die Küchenmaschine geben.

2 Den Fisch von sämtlichen Gräten sowie der Haut befreien und ebenfalls in den Mixer füllen. Bei mittlerer Geschwindigkeit alles zu einer fast glatten Masse verarbeiten.

3 Den Meerrettich und den Zitronensaft zugeben und noch einmal kurz pürieren. Die Farce mit schwarzem Pfeffer würzen und auf Schälchen verteilen. Abdecken und kühl stellen.

4 Mit Petersilie bestreuen und mit Krustenbrot, warmem Toast oder Crackern sowie Zitronenspalten zum Beträufeln servieren.

Zubereitungstipp
Einen Dip erhalten Sie, indem Sie zusätzlich Crème fraîche zugeben, bis die gewünschte Konsistenz erreicht ist.

344 kcal/1421 kJ; 10,7 g Protein; 0,5 g Kohlenhydrate, davon 0,4 g Zucker; 33,3 g Fett, davon 14,3 g gesättigte Fette; 88 mg Cholesterin; 57 mg Calcium; 0,1 g Ballaststoffe; 518 mg Natrium

Thunfisch und Wasabi

Im Gegensatz zur Dosenvariante ist frischer Thunfisch ein hervorragender Lieferant für Omega-3-Fettsäuren, die gut für Ihr Herz und Ihr Gehirn sind. Dieses marinierte Gericht ist ein japanischer Klassiker, der dank des Wasabis wärmend wirkt.

Für 4 Portionen
400 g ganz frischer Thunfisch, gehäutet
1 Karton Senfkresse (optional)
4 TL Wasabipaste oder die gleiche Menge
   Wasabipulver, vermischt mit 2 TL Wasser
4 EL japanische Sojasoße
8 fein gehackte Frühlingszwiebeln (nur der grüne Teil)
4 in feine Längsstreifen geschnittene Perillablätter

2 5–10 Minuten vor dem Servieren die Wasabipaste mit der Sojasoße in einer Schüssel verrühren, dann den Thunfisch und die Zwiebeln zugeben. Alles gut durchmischen und 5 Minuten marinieren lassen. Auf die Schalen verteilen, mit einigen Perillablättern bestreuen und sofort zu Tisch geben.

1 Den Thunfisch in 2 cm große Würfel schneiden. Die Senfkresse – sofern gewünscht – als kleine Bündel oder Bett für den Fisch in 4 kleinen Schalen oder auf 4 Tellern anrichten.

153 kcal/643 kJ; 24,5 g Protein; 2,3 g Kohlenhydrate, davon 2,1 g Zucker; 5,1 g Fett, davon 1,3 g gesättigte Fette; 29 mg Cholesterin; 28 mg Calcium; 0,4 g Ballaststoffe; 806 mg Natrium

Seegras-Sushi

Nori ist eine Meeresalge, die, zu Blättern geformt, zur Zubereitung von Sushi verwendet wird. Sie ist reich an Mineralstoffen wie Jod, das wichtig für die Schilddrüsenfunktion ist. Aber auch Lachs und Thunfisch zählen zu den Superfoods.

Für 12 Rollen oder 72 Stück

400 g Sushi-Reis zum Ummanteln, 20 Minuten in
 Wasser eingeweicht
3 ½ EL Reisessig
1 EL Zucker
½ TL Salz
6 Noriblätter
200 g Thunfisch in einem Stück
200 g Lachs in einem Stück
Wasabipaste
½ Gurke, der Länge nach geviertelt und entkernt
eingelegter Ingwer zum Garnieren (optional)
japanische Sojasoße

1 Den Reis abgießen, zusammen mit 525 ml Wasser in einen Topf füllen und zum Kochen bringen. Dann die Hitze reduzieren und zugedeckt 20 Minuten simmern lassen, bis das Wasser aufgesaugt ist. Inzwischen Essig, Zucker und Salz erhitzen, gut verrühren und abkühlen lassen. Zum warmen Reis geben, diesen vom Herd nehmen und zugedeckt 20 Minuten ziehen lassen.

2 Die Noriblätter längs halbieren. Den Thunfisch und den Lachs in je 4 Streifen schneiden. Deren Länge sollte in etwa der langen Seite der Noriblätter entsprechen und ca. 1 cm stark sein.

3 Ein halbiertes Noriblatt mit der glänzenden Seite nach unten auf einer Bambusmatte platzieren. Den Reis in 12 Portionen unterteilen. Eine davon gleichmäßig auf dem Seetangblatt verteilen, dabei oben und unten einen Rand von 1,5 cm frei lassen.

4 Den Reis in der Mitte quer mit etwas Wasabipaste bestreichen, darauf 1 oder 2 Streifen Thunfisch legen.

5 Die Matte an der Ihnen zugewandten Seite anheben, dabei die Ecken des Noriblattes festhalten und dieses mithilfe der Matte um die Füllung rollen. (Nicht die Matte mit einrollen!) Dann die Sushi-Rolle vorsichtig, aber fest zusammendrücken, damit der Reis zusammenklebt und die Füllung umschließt.

6 Die Bambusmatte vorsichtig entrollen. Auf die gleiche Weise weitere 11 Rollen fertigen, jeweils 4 mit Thunfisch, Lachs und Gurke – Letztere jedoch ohne Wasabi. Die fertigen Rollen mit einem feuchten Messer in 6 Stücke schneiden. Diese auf einer Platte anrichten, falls gewünscht mit Ingwer garnieren und mit der Sojasoße servieren.

31 kcal/128 kJ; 1,7 g Protein; 4,8 g Kohlenhydrate, davon 0,3 g Zucker; 0,5 g Fett, davon 0,1 g gesättigte Fette; 2 mg Cholesterin; 4 mg Calcium; 0,1 g Ballaststoffe; 3 mg Natrium

SALATE, BEILAGEN & DRESSINGS

Die hier vorgestellten Salate, Beilagen und Dressings sind nicht nur lecker, sondern beinhalten eine Vielzahl von Superfoods wie vitaminreiches Obst und Gemüse sowie Eier, Fleisch und Fisch als Proteinlieferanten. Sie können die verlockenden Gerichte für sich oder als Beilage genießen. Zur Auswahl stehen unter anderem Sojabohnen-Rucola-Salat, Chili-Reis mit Kurkuma und Koriander sowie marinierter Lachs mit Avocado.

Salat Tricolore

Ein klassischer italienischer Salat, bei dem es sehr auf die Qualität der Zutaten ankommt – ideal sind Eiertomaten und Büffelmozzarella mit seinem feinen Aroma. Die Avocado sollte reif, aber nicht zu weich sein. Verwenden Sie zudem nur bestes Olivenöl.

Für 2–3 Portionen

150 g in dünne Scheiben geschnittener
   Mozzarella
4 große in Scheiben geschnittene Eiertomaten
1 große reife Avocado
ca. 12 Basilikumblätter oder eine Handvoll
   glatte Petersilienblätter
3–4 EL natives Olivenöl extra
gemahlener schwarzer Pfeffer
Meersalzflocken sowie Ciabatta als Beilage

1 Die Mozzarella- und Tomatenscheiben in 2 Salatschalen dekorativ anrichten. Mit einer guten Portion Meersalz bestreuen, um den Tomaten den Saft zu nehmen. Beiseitestellen und an einem kühlen Platz etwa 30 Minuten ziehen lassen.

2 Kurz vor dem Servieren die Avocado mit einem scharfen Messer rundherum bis zum Kern einschneiden, die beiden Hälften gegeneinander verdrehen und so vom Kern lösen.

3 Die Avocadohälften vorsichtig in kräftige Halbmond-Scheiben oder – falls das einfacher ist – dicke Streifen/Würfel schneiden.

4 Das Fruchtfleisch der Avocado auf den Tomaten und dem Mozzarella verteilen. Mit den Basilikum- oder Petersilieblättern bestreuen und mit dem Öl beträufeln. Mit Pfeffer und Salz abschmecken.

5 Sofort mit knusprigem Ciabatta-Brot zum Auftunken des Dressings servieren.

526 kcal/2180 kJ; 17,5 g Protein; 8,3 g Kohlenhydrate, davon 7,2 g Zucker; 47,1 g Fett, davon 16 g gesättigte Fette; 44 mg Cholesterin; 344 mg Calcium; 5,8 g Ballaststoffe; 327 mg Natrium

Marokkanischer Karottensalat

Das Schneiden in Scheiben ist eine gute Möglichkeit, das antioxidativ wirkende Carotin freizusetzen. Schneiden Sie die Karotten in möglichst feine Scheiben. So beträgt die Garzeit nur ein paar Minuten, wodurch wertvolle Nährstoffe erhalten bleiben.

Für 4–6 Portionen

3–4 in dünne Scheiben geschnittene Karotten
1 Prise Zucker, 3–4 gehackte Knoblauchzehen
¼ TL gemahlener Kreuzkümmel
Saft von ½ Zitrone
2–3 EL natives Olivenöl extra
1–2 EL Rotwein- oder Fruchtessig, z. B. Himbeeressig
2 EL frische Korianderblätter, gehackt (oder eine
    Mischung aus Koriander und Petersilie)
Salz und gemahlener schwarzer Pfeffer

zum Trocknen kurz ruhen lassen, dann in eine Schüssel füllen.

2 In einem Messbecher Zucker, Knoblauch, Kreuzkümmel, Zitronensaft, Öl sowie Essig miteinander verrühren und über die Karotten gießen. Alles gut vermischen, mit den frischen Kräutern garnieren und nach Geschmack würzen. Warm oder kalt servieren.

1 Die Karottenscheiben dämpfen oder mit wenig Wasser garen, bis sie bissfest sind. Abgießen und

53 kcal/220 kJ; 0,6 g Protein; 4,2 g Kohlenhydrate, davon 3,9 g Zucker; 3,9 g Fett, davon 0,6 g gesättigte Fette; 0 mg Cholesterin; 29 mg Calcium; 1,6 g Ballaststoffe; 15 mg Natrium

Roquefort-Feigen-Walnuss-Salat

Diese klassische Kombination von Nüssen und Käse ist ein leckeres, erfrischendes Gericht, das auch ohne Feigen zubereitet werden kann. Nüsse sind eine exzellente Quelle für Omega-3-Fettsäuren und Antioxidantien, welche die Herzgesundheit fördern.

Für 4 Portionen

gemischte Salatblätter, 4 frische Feigen
115 g Roquefort- oder ein anderer Blauschimmelkäse, in kleine Würfel geschnitten
75 g Walnusshälften

Für das Dressing

3 EL Walnussöl, Saft von 1 Zitrone
Salz und gemahlener schwarzer Pfeffer

1 Die Zutaten für das Dressing in einer Schüssel miteinander verrühren. Mit dem Schneebesen aufschlagen, bis eine dicke Soße entsteht.

2 Die Salatblätter waschen, schleudern und in mundgerechte Stücke zupfen. In eine Schüssel geben und mit dem Dressing vermischen.

3 Den Salat auf einem Servierteller oder auf 4 separaten Tellern anrichten, dabei auf eine ausgewogene Farb- und Texturmischung achten.

4 Die Feigen vierteln und auf dem Salat platzieren.

5 Den Käse leicht zerbröseln und ebenso wie die Walnusshälften über den Salat streuen. Letztere dabei mit den Fingern zerkleinern.

Variante
Sie können die Feigen auch durch reife Nektarinen oder Pfirsiche ersetzen. Diese waschen, halbieren und entsteinen. Dann die Hälften in 3–4 Scheiben schneiden. Gegebenenfalls die Früchte vorher schälen.

Zubereitungstipp
Wenn Sie die Aufnahme von gesättigten Fetten reduzieren möchten, verwenden Sie nur die Hälfte der angegebenen Käsemenge. Blauschimmelkäse hat ein starkes Eigenaroma, sodass auch die halbe Menge ausreicht.

---

415 kcal/1726 kJ; 10,6 g Protein; 26,6 g Kohlenhydrate, davon 26,4 g Zucker; 30,3 g Fett, davon 7,3 g gesättigte Fette; 22 mg Cholesterin; 286 mg Calcium; 4,5 g Ballaststoffe; 383 mg Natrium

Brunnenkresse-Birnen-Salat

Ein leichter Salat, der pfeffrige Brunnenkresse mit saftigen Birnen und einem cremigen Dressing vereint. Erstere ist reich an Antioxidantien und enthält zudem schwefelhaltige Phytonährstoffe, die zusammen eine wirkkräftige Kombination ergeben.

Für 4 Portionen

25 g Blauschimmelkäse (Roquefort oder Gorgonzola)
2 EL Walnussöl, 1 EL Zitronensaft
2 Bündel Brunnenkresse, verlesen und
   gründlich gewaschen
2 reife Birnen (siehe Zubereitungstipps)
Salz und gemahlener schwarzer Pfeffer

3 Unmittelbar vor dem Servieren die Birnen schälen und in Scheiben schneiden. Diese neben der Brunnenkresse anrichten, wobei für jede Person eine halbe Birne gedacht ist. Wenn Sie möchten, können Sie die Birnenscheiben auch auf der Kresse anrichten. Zuletzt das Dressing über den Salat träufeln.

1 Den Blauschimmelkässe zerdrücken und mit dem Walnussöl vermischen.

2 Den Zitronensaft zugeben und zu einer dicklichen Mischung verquirlen. Gegebenenfalls mehr Käse zufügen. Nach Geschmack mit Salz und Pfeffer würzen. Die Brunnenkresse auf 4 Teller verteilen.

Superfood-Tipp
Birnen sind eine gute Quelle für lösliche und unlösliche Ballaststoffe sowie für Vitamin C und Kalium.

Zubereitungstipps
- Verwenden Sie weiche, saftige Birnen wie die Comiche.
- Sie können die Birnen auch schon im Vorfeld schälen und in Scheiben schneiden. Reiben Sie diese dann mit etwas Zitronensaft ein, damit sie sich nicht so schnell verfärben.
- Wenn Sie das Aroma der Brunnenkresse zu kräftig finden, mischen Sie diese mit jungem Spinat oder Rucola.

106 kcal/442 kJ; 2,3 g Protein; 7,6 g Kohlenhydrate, davon 7,6 g Zucker; 7,6 g Fett, davon 1,8 g gesättigte Fette; 5 mg Cholesterin; 81 mg Calcium; 2 g Ballaststoffe; 91 mg Natrium

Sojabohnen-Rucola-Salat

Dieser schnell und leicht zuzubereitende Salat bringt dank der Sojabohnen Abwechslung auf den Tisch. Diese sind nicht nur eine hervorragende Proteinquelle für Vegetarier und Veganer, sondern enthalten zudem cholesterinsenkende Isoflavone.

Für 4 Portionen
250 g grüne Sojabohnen
70 g Rucola
2 TL frische Basilikumblätter
2 TL frische Korianderblätter
1 EL Olivenöl
1 TL Zitronensaft
1 TL Balsamicoessig
frisch gemahlener schwarzer Pfeffer

1 Die Sojabohnen 5 Minuten in kochendem Wasser garen, abgießen und zum Abkühlen beiseitestellen. Rucola sowie Basilikum- und Korianderblätter klein schneiden.

2 Für das Dressing Olivenöl, Zitronensaft und Essig miteinander vermischen, mit schwarzem Pfeffer würzen.

3 Das Dressing über die abgekühlten Bohnen geben und gut durchmischen.

4 Den Rucola und die Kräuter zugeben, alles noch einmal gut durchmischen und servieren.

Zubereitungstipp
Grüne Sojabohnen, Edamame genannt, finden Sie vorwiegend in Asia-Läden und im Internet. Sie können auch TK-Ware verwenden.

125 kcal/520 kJ; 9 g Protein; 4 g Kohlenhydrate, davon 2 g Zucker; 8 g Fett, davon 1 g gesättigte Fette; 0 mg Cholesterin; 59 mg Calcium; 4 g Ballaststoffe; 1 mg Natrium

Apfel-Karotten-Salat mit Sprossen

Dieser erfrischende Salat mit seinem Zitronen-Honig-Dressing ist Augen- und Gaumenschmaus gleichermaßen, den die Alfalfasprossen mit ihrem Nussaroma noch steigern. Das Raspeln sorgt für eine erhöhte Bioverfügbarkeit der enthaltenen Phytonährstoffe.

Für 1 Portion

90 g geschälte und grob geraspelte Karotten
2 süßliche Tafeläpfel, grob geraspelt
2,5 cm frischer Ingwer, geschält und fein geraspelt
Saft von ½ Zitrone oder 1 EL Apfelessig
1 EL klarer Honig
1 kleine Handvoll Alfalfasprossen oder
   Bohnensprossen nach Wahl
1 TL Sesamkörner zum Garnieren (optional)

1 Die geraspelten Karotten und Äpfel sowie den Ingwer in eine große Schüssel geben. Zitronensaft oder Apfelessig und Honig hinzufügen und alle Zutaten gut miteinander vermischen.

2 Die Karotten-Apfel-Mischung in eine kleine Schüssel füllen und fest andrücken.

3 Die Schüssel auf einen Teller stürzen und abheben, sodass ein „Turm" entsteht. Diesen mit Alfalfa-Sprossen garnieren, großzügig Sesamkörner darüberstreuen und servieren.

Zubereitungstipp
Dieses Gericht so schnell wie möglich nach der Zubereitung servieren, damit die Äpfel und Karotten frisch und knackig sind.

194 kcal/818 kJ; 3 g Protein; 41 g Kohlenhydrate, davon 39 g Zucker; 3 g Fett, davon 0 g gesättigte Fette; 0 mg Cholesterin; 70 mg Calcium; 6,6 g Ballaststoffe; 36 mg Natrium

Wassermelonen-Feta-Salat

Die Kombination von saftig-süßer Wassermelone und salzigem Fetakäse ist erfrischend und ergibt zusammen mit den Samen und den Oliven einen leckeren Mittelmeersalat. Dieser ist zudem reich an Lycopin sowie an essenziellen Fettsäuren.

Für 4 Portionen

4 gekühlte Scheiben Wassermelone
130 g gewürfelter Fetakäse
1 Handvoll gemischter Samen (z. B. Sonnenblumenkerne, Kürbiskerne und Leinsamen), leicht geröstet
10–15 schwarze Oliven
1 Friséesalat ohne Strunk
Olivenöl und frischer Thymian zum Beträufeln und Garnieren

1 Die Rinde der Wassermelone und so viele Kerne wie möglich entfernen. Je nach persönlicher Präferenz auch das weiße Fruchtfleisch unter der Schale wegschneiden. Der süßeste und saftigste Teil des Fruchtfleischs befindet sich in der Mitte.

2 Das Fruchtfleisch der Melone in Dreiecke schneiden und mit dem Feta, der Samenmischung und den schwarzen Oliven mischen.

3 Die Frucht-Käse-Mischung abgedeckt 30 Minuten im Kühlschrank ruhen lassen. Auf den Salatblättern anrichten, mit Olivenöl beträufeln und mit Thymian garniert servieren.

Zubereitungstipp

Am besten verwenden Sie für dieses Rezept die Oliven der Sorte Kalamata. Aber auch andere eingelegte oder luftgetrocknete Varietäten sind gut geeignet.

256 kcal/1066 kJ; 7,7 g Protein; 12,9 g Kohlenhydrate, davon 11,6 g Zucker; 19,7 g Fett, davon 6,2 g gesättigte Fette; 23 mg Cholesterin; 165 mg Calcium; 1,4 g Ballaststoffe; 616 mg Natrium

Grapefruit-Avocado-Salat

Die würzigen Rucolablätter gehen mit den frisch schmeckenden Grapefruits und der cremigen Acvocado eine wunderbare Verbindung ein – ebenso wie die herzschützenden, einfach ungesättigten Fettsäuren der Avocados und das Lycopin der Grapefruits.

Für 4 Portionen
2 rosa Grapefruits
2 reife Avocados
2 EL Chili-Öl
90 g Rucola

1 Das obere und untere Ende der Grapefruit abschneiden, dann die Schale und weiße Haut großzügig vom Fruchtfleisch schneiden – am besten in Streifen von oben nach unten, rund um die Frucht.

2 Nun die Fruchtfilets entlang der weißen Zwischenhäute herauslösen und in eine Schüssel legen, den dabei austretenden Saft auffangen. Den verbleibenden Saft aus den Membranen pressen und ebenfalls auffangen. Mit der zweiten Grapefruit ebenso verfahren.

3 Die Avocados halbieren, entkernen, schälen und in Scheiben schneiden. Den Grapefruitsaft mit einer Prise Salz und dann mit dem Öl verquirlen.

4 Die Rucolablätter auf 4 Teller verteilen und darauf die Grapefruitfilets sowie die Avocadoscheiben anrichten. Das Dressing darübergießen und den Salat mit den Fingern vorsichtig darin wenden. Sofort servieren.

Zubereitungstipps
- Die Avocados mit dem Dressing benetzen, damit sie sich nicht so schnell verfärben.
- Für eine zusätzliche Portion Kohlenhydrate kombinieren Sie den Salat mit Vollkornnudeln oder Quinoa und bestreuen Sie ihn mit gehackten Walnüssen sowie frischen Schnittlauchröllchen.

151 kcal/625 kJ; 1,1 g Protein; 5,6 g Kohlenhydrate, davon 5,2 g Zucker; 13,9 g Fett, davon 2,4 g gesättigte Fette; 0 mg Cholesterin; 24 mg Calcium; 1,9 g Ballaststoffe; 13 mg Natrium

Gegrillter Lauch-Zucchini-Salat

Dieser Salat ist eine köstliche sommerliche Vor- oder auch Hauptspeise, wenn er auf einem Salatbett serviert wird. Wählen Sie möglichst junge und zarte Lauchstangen und verwenden Sie so viel Grün wie möglich, da hier die Nährstoffe konzentriert sind.

Für 6 Portionen
12 dünne Stangen Babylauch
6 kleine Zucchini
3 EL natives Olivenöl extra sowie zusätzliches
   Öl zum Bestreichen
fein abgeriebene Schale und Saft von ½ Zitrone
1–2 fein gehackte Knoblauchzehen
½ frische rote Chili, entkernt und in Würfel
   geschnitten
1 Prise extrafeiner Zucker (optional)
50 g schwarze Oliven, entkernt und
   grob gehackt
2 EL frische Minze, gehackt
150 g Fetakäse, in Scheiben oder zerkrümelt
Salz und gemahlener schwarzer Pfeffer
frische Minzeblätter zum Garnieren

1 Wasser in einem Topf zum Kochen bringen, den Lauch zugeben und 2–3 Minuten sanft köcheln.

2 Den Lauch abgießen, unter kaltem Wasser abschrecken und auspressen. Zum Trocknen beiseitestellen.

3 Die Zucchini der Länge nach halbieren und in ein Sieb geben. Mit 1 TL Salz bestreuen und 45 Minuten ziehen und entwässern lassen. Danach unter fließendem Wasser abspülen und mit Küchenpapier gut trockentupfen.

4 Den Backofengrill vorheizen. Den Lauch und die Zucchini leicht mit Öl bestreichen. Ersteren 2–3 Minuten von jeder Seite grillen, Letztere 5 Minuten von jeder Seite.

5 Den gegrillten Lauch zusammen mit den gegrillten Zucchini in eine niedrige Schale legen.

6 Das restliche Öl in einer kleinen Schüssel mit der Zitronenschale, 1 EL Zitronensaft, Knoblauch, Chili und – falls gewünscht – Zucker vermischen. Mit Salz und Pfeffer abschmecken.

7 Das Dressing über den Lauch und die Zucchini geben, mit den Oliven sowie der Minze vermengen. Beiseitestellen und einige Stunden ziehen lassen, dabei das Gemüse ein oder zwei Mal wenden.

8 Stand der Salat im Kühlschrank, 30 Minuten vor dem Servieren herausnehmen, damit er Zimmertemperatur bekommt. Den Fetakäse untermischen und mit den Minzeblättern garniert zu Tisch geben.

> **Superfood-Tipp**
> Oliven sind reich an Vitamin A und E sowie an Kupfer und Calcium.

197 kcal/812 kJ; 6,2 g Protein; 3,4 g Kohlenhydrate, davon 2,9 g Zucker; 17,6 g Fett, davon 5,3 g gesättigte Fette; 18 mg Cholesterin; 140 mg Calcium; 2,6 g Ballaststoffe; 552 mg Natrium

Quinoasalat mit Mango

Quinoa ist eine leckere glutenfreie Alternative zu Couscous und Bulgur. Am besten kombiniert man die Samen mit Zutaten, die über ein robustes Aroma verfügen, wie Kräuter, Chili, Obst und Nüsse – die alle in diesem wunderbaren Salat verwendet werden.

Für 4 Portionen
130 g Quinoa
1 Mango
4 EL Pinienkerne
1 große Handvoll frisches Basilikum, grob gehackt
1 große Handvoll frische glatte Petersilie, grob gehackt
1 große Handvoll frische Minze, grob gehackt
1 milde rote Chili, entkernt und gehackt

Für das Dressing
1 EL Zitronensaft
1 EL natives Olivenöl extra
Salz und gemahlener schwarzer Pfeffer

1 Die Quinoasamen in einen Topf geben, mit kaltem Wasser bedecken, salzen und zum Kochen bringen. Dann die Hitze reduzieren und zugedeckt 12 Minuten simmern lassen bis die Quinoasamen weich sind. Gut abseihen.

2 Inzwischen die Mango vorbereiten: Entlang dem Kern jeweils eine große Wange abschneiden. Das Fruchtfleisch bis knapp zur Schale längs und quer einschneiden.

3 Dann das Fruchtfleisch nach außen stülpen und die Mangowürfel entlang der Schale abschneiden.

4 Die Pinienkerne in einer antihaftbeschichteten Pfanne einige Minuten rösten, bis sie goldbraun sind.

5 Die Zutaten für das Dressing miteinander vermischen und großzügig würzen.

6 Die gekochten Quinoasamen in eine Schüssel füllen, Kräuter und Chili hinzufügen. Das Dressing über die Quinoa-Kräuter-Masse geben und alles durchmischen. Nach Geschmack würzen.

7 Den Salat in eine Servierschale geben oder auf Teller verteilen. Mit den Mangowürfeln und den Pinienkernen garniert servieren.

Zubereitungstipp
Sie verleihen den Quinoasamen mehr Aroma, indem Sie zum Kochen Hühner- oder Gemüsebrühe verwenden.

206 kcal/857 kJ; 4,5 g Protein; 23,1 g Kohlenhydrate, davon 6,2 g Zucker; 11,2 g Fett, davon 1 g gesättigte Fette; 0 mg Cholesterin; 62 mg Calcium; 2,5 g Ballaststoffe; 9 mg Natrium

Linsensalat mit Zwiebeln und Knoblauch

Dieser köstliche, wohlriechende Linsensalat aus der marokkanischen Küche kann sowohl warm als auch kalt verzehrt werden. Er ist reich an Ballaststoffen sowie organischen Schwefelverbindungen, die entzündungshemmende Eigenschaften aufweisen.

Für 4 Portionen

3 EL Olivenöl, 2 gehackte rote Zwiebeln
2 geschälte, entkernte und gehackte Tomaten
2 TL gemahlenes Kurkuma
2 TL gemahlener Kreuzkümmel
175 g braune oder grüne Linsen, verlesen
  und gewaschen
900 ml Gemüsebrühe oder Wasser
4 zerdrückte Knoblauchzehen
1 kleiner Bund frischer Koriander, fein gehackt
Salz und gemahlener schwarzer Pfeffer
1 in Spalten geschnittene Zitrone

Superfood-Tipp
Das Vitamin C der Zitronen verbessert die Aufnahmefähigkeit für das in den Linsen enthaltene Eisen.

1 2 EL Öl in einer großen Pfanne oder feuerfesten Auflaufform erhitzen und die Zwiebeln darin dünsten.

2 Die Tomaten, den Kurkuma und den Kreuzkümmel zugeben, anschließend die Linsen einrühren. Mit der Brühe oder dem Wasser aufgießen und zum Kochen bringen. Die Hitze reduzieren und simmern lassen, bis die Linsen weich sind und fast alles Wasser aufgesaugt ist.

3 In einer separaten Pfanne den Knoblauch im verbliebenen Öl Farbe nehmen lassen und zusammen mit dem Koriander zu den Linsen geben. Nach Geschmack würzen. Mit den Zitronenspalten warm oder kalt servieren.

266 kcal/1116 kJ; 12,5 g Protein; 35,1 g Kohlenhydrate, davon 9,2 g Zucker; 9,4 g Fett, davon 1,4 g gesättigte Fette; 0 mg Cholesterin; 73 mg Calcium; 4,8 g Ballaststoffe; 29 mg Natrium

Spinatsalat mit geröstetem Knoblauch

Das Rösten des Knoblauchs mildert seine Schärfe, ohne seine wertvollen Inhaltsstoffe zu reduzieren. Und durch die Verwendung von jungem Spinat kommen Sie in den vollen Genuss seiner Nährstoffe. Die Zitrone hilft bei der Aufnahme des Eisens.

Für 4 Portionen
12 ungeschälte Knoblauchzehen
4 EL natives Olivenöl extra
450 Babyspinatblätter
50 g leicht geröstete Pinienkerne
Saft von ½ Zitrone
Salz und frisch gemahlener schwarzer Pfeffer

1 Den Backofen auf 190 °C vorheizen (Umluft 170 °C). Die Knoblauchzehen auf ein Bratblech legen und mit 2 EL Olivenöl übergießen. Rund 15 Minuten braten, bis die Ränder leicht verschmort sind.

2 Die noch warmen Knoblauchzehen in eine Salatschüssel geben, Spinatblätter, Pinienkerne, Zitronensaft, das restliche Olivenöl sowie etwas Salz zugeben. Alles gut vermischen, nach Geschmack pfeffern und sofort servieren. Der Knoblauch lässt sich leicht aus der Schale drücken und so als Püree verzehren.

Zubereitungstipp
Wenn Sie Spinat roh als Salat servieren, sollte er jung und zart sein. Die Blätter gut waschen und mit Küchenpapier trockentupfen.

234 kcal/966 kJ; 6,1 g Protein; 6 g Kohlenhydrate, davon 3,7 g Zucker; 20,8 g Fett, davon 2,3 g gesättigte Fette; 0 mg Cholesterin; 240 mg Calcium; 4,6 g Ballaststoffe; 23 mg Natrium

Schwarze-Bohnen-Salsa

Diese Salsa ist durch den Kontrast von schwarzen Bohnen und roten Chilis ein echter Hingucker, der jedes Gericht auch geschmacklich bereichert. Lassen Sie die Salsa nach Zubereitung1–2 Tage ruhen, damit sich die Aromen voll entfalten können.

Für 4 Portionen als Beilage

130 g schwarze Bohnen, über Nacht in Wasser eingeweicht
1 getrocknete rote Chili
2 frische rote Chilis
1 rote Zwiebel
abgeriebene Schale und Saft von 1 Zitrone
2 EL mexikanisches Bier (optional)
1 EL Olivenöl
1 kleiner Bund frischer Koriander, gehackt
Salz

1 Die Bohnen abseihen und in einen großen Topf schütten. Mit Wasser bedecken und den Deckel auflegen.

2 Das Wasser zum Kochen bringen, dann die Hitze leicht reduzieren. Die Bohnen rund 40 Minuten simmern lassen. Sie sollten aber noch Biss haben und nicht völlig weich gekocht sein.

3 Die Bohnen abseihen, unter kaltem Wasser spülen und nochmals abseihen. Zum Abkühlen beiseitestellen.

4 Die getrocknete Chili 10 Minuten in heißem Wasser einweichen, dann abseihen. Den Stiel entfernen, die Schote der Länge nach aufschneiden und die Kerne mit einem kleinen scharfen Messer herauskratzen. Das Fruchtfleisch fein hacken.

5 Die frischen Chilis in einer beschichteten Grillpfanne rösten, bis die Haut verschmort ist. Alternativ die Chilis auf lange Metallspieße stecken und über einem Gasbrenner rösten, bis die Haut Blasen wirft und schwarz wird – dabei aber nicht das Fruchtfleisch verbrennen. Die gerösteten Chilis in einen Gefrierbeutel geben, diesen gut verschließen und für 20 Minuten beiseitelegen.

6 Zwischenzeitlich die rote Zwiebel fein hacken. Die Chilis aus dem Beutel nehmen, schälen, aufschneiden und entkernen. Das Fruchtfleisch fein hacken.

7 Die Bohnen zusammen mit der gehackten Zwiebel und den drei gehackten Chilis in eine Schüssel geben. Zitronenschale und -saft, Bier (sofern verwendet), Olivenöl sowie Koriander hinzufügen, mit etwas Salz würzen und alles gut durchmischen. Die Salsa vor dem Servieren kühl stellen.

Zubereitungstipp
Denken Sie beim Umgang mit Chili daran, mit den Fingern nicht Ihr Gesicht zu berühren oder die Augen zu reiben!

126 kcal/533 kJ; 8,5 g Protein; 15,8 g Kohlenhydrate, davon 1,9 g Zucker; 3,5 g Fett, davon 0,5 g gesättigte Fette; 0 mg Cholesterin; 48 mg Calcium; 5,3 g Ballaststoffe; 10 mg Natrium

Orangen-Tomaten-Salsa mit Schnittlauch

Sowohl die Orangen als auch die Tomate stecken voller Vitamin C. Zudem ist die Kombination ein Geschmackserlebnis, das durch den Schnittlauch und den Knoblauch noch verstärkt wird. Die Zitrusnote passt perfekt zu öligem Fisch wie gegrilltem Thunfisch.

Für 4 Portionen
2 große Orangen, 1 Fleischtomate
1 Bund Schnittlauch, 1 Knoblauchzehe
2 EL Olivenöl, Meersalz

1 Das obere und untere Ende der Orange abschneiden, dann die Schale großzügig vom Fruchtfleisch schneiden – in Streifen von oben nach unten, rund um die Frucht.

2 Die Orange über eine Schüssel halten und die Fruchtfilets zwischen den Trennhäuten keilförmig herausschneiden. Den dabei austretenden Saft auffangen. Den verbleibenden Saft aus den Membranen pressen und ebenfalls auffangen. Mit der zweiten Orange ebenso verfahren.

3 Die Orangenfilets grob zerkleinern und in die Schüssel mit dem aufgefangenen Saft geben.

4 Die Fleischtomate halbieren, mit einem Teelöffel das wässrige Innere sowie die Kerne herauslösen und zu den Orangen geben – ebenso wie das in feine Würfel geschnittene Fruchtfleisch.

5 Den Schnittlauch über der Schüssel mit den Orangen mit einer Küchenschere in Röllchen schneiden.

6 Den Knoblauch in feine Scheiben schneiden und der Orangen-Tomaten-Mischung hinzufügen. Olivenöl darübergeben, mit Meersalz würzen. Alles gut durchmischen und innerhalb von 2 Stunden servieren.

Variante
Geben Sie etwas gewürfelten Mozzarella zu, um die Salsa gehaltvoller zu gestalten.

91 kcal/380 kJ; 1,3 g Protein; 9,3 g Kohlenhydrate, davon 9,3 g Zucker; 5,7 g Fett, davon 0,8 g gesättigte Fette; 0 mg Cholesterin; 49 mg Calcium; 2 g Ballaststoffe; 7 mg Natrium

Rosenkohl mit Maronen

Korrekt zubereitet, zeichnet sich der sehr nährstoffhaltige Rosenkohl durch einen süßlichen Geschmack und eine knackige Textur aus. In diesem traditionellen Gericht harmoniert er wunderbar mit dem nussigen Aroma der Maronen und dem salzigen Speck.

Für 6 Portionen
350 g frische Maronen
300 ml Geflügel- oder Gemüsebrühe oder Wasser
1 TL Zucker
675 g Rosenkohl
50 g Butter, 115 g Speckstreifen

1 Die Maronen am spitzen Ende kreuzweise einschneiden und vorsichtig in einen Topf mit kochendem Wasser geben. 5–10 Minuten garen.

2 Die Maronen abgießen und etwas abkühlen lassen. Dann sowohl die harte äußere als auch die feine innere Schale entfernen.

3 Die Maronen zurück in den Topf geben, mit Brühe oder Wasser aufgießen und den Zucker hinzufügen. 30–35 Minuten simmern lassen, bis die Maronen weich sind. Dann diese gut abseihen.

4 In der Zwischenzeit den Rosenkohl in kochendem Salzwasser 8–10 Minuten garen, bis die Röschen bissfest sind. Sorgfältig abseihen und beiseitestellen.

5 Die Butter schmelzen und den Speck darin knusprig braten. Die Maronen zugeben und 2–3 Minuten mitbraten. Schließlich den Rosenkohl hinzufügen, alles gut durchmischen und servieren.

Superfood-Tipp
Rosenkohl maximal 10 Minuten garen, da sonst die Schwefelverbindungen zerstört werden, die im Kampf gegen Krebs helfen können.

256 kcal/1070 kJ; 8,3 g Protein; 26 g Kohlenhydrate, davon 7,6 g Zucker; 13,9 g Fett, davon 6,6 g gesättigte Fette; 30 mg Cholesterin; 59 mg Calcium; 7 g Ballaststoffe; 364 mg Natrium

Zwiebel-Mango-Erdnuss-Chaat

Chaats sind Würzsoßen aus Gemüse und Nüssen, die zu indischen Gerichten gereicht werden. Dieses Rezept kombiniert saftig-süße Mangos mit knusprigen Erdnüssen, die beide reich an Antioxidantien sind. Die Kräuter sorgen für eine wohlriechende Duftnote.

Für 4 Portionen

90 g ungesalzene Erdnüsse
1 EL Erdnussöl
1 gehackte Zwiebel
1 Stück Gurke (10 cm), entkernt und in 5 mm
    große Würfel geschnitten
1 Mango, geschält, entkernt und in Würfel
    geschnitten
1 grüne Chili, entkernt und gehackt
2 EL frischer Koriander, gehackt
1 EL frische Minze, gehackt
1 EL Zitronensaft
1 Prise Muscovado-Zucker

Für die Chaat-Masala

2 TL geröstete Kreuzkümmelsamen, gemahlen
½ TL Cayennepfeffer
1 TL Mangopulver (Amchur)
½ TL Garam Masala
1 Prise gemahlener Asant
Salz und frisch gemahlener schwarzer Pfeffer

3 Zwiebel, Gurke, Mango, Chili, Koriander und Minze vermischen, 1 TL Chaat-Masala darüberstreuen. Erdnüsse einrühren und mit Zitronensaft sowie Zucker abschmecken. 20–30 Minuten ruhen lassen, damit die Aromen sich entfalten können.

4 Die Mischung in eine Servierschale füllen, mit 1 weiteren TL Chaat-Masala bestreuen und servieren.

Variante

Statt der Erdnüsse können Sie ganz nach Geschmack auch Cashewkerne oder Mandeln verwenden.

Zubereitungstipp

Die Reste der Chaat-Masala lassen sich in einem luftdicht schließenden Gefäß 4–6 Wochen aufheben.

1 Für die Chaat-Masala die Gewürze zusammen zerreiben, jeweils ½ TL Salz und frisch gemahlenen schwarzen Pfeffer zugeben.

2 Die Erdnüsse im Erdnussöl rösten, bis sie leicht gebräunt sind, auf Küchenpapier abtropfen und auskühlen lassen.

189 kcal/788 kJ; 6,9 g Protein; 9,8 g Kohlenhydrate, davon 6,6 g Zucker; 14 g Fett, davon 2,4 g gesättigte Fette; 0 mg Cholesterin; 41 mg Calcium; 2,4 g Ballaststoffe; 4 mg Natrium

Geschmorter Rotkohlsalat

Rotkohl schmeckt süßer als die grünen und weißen Varietäten und geht mit Obst eine wohlschmeckende Verbindung ein. Die hier verwendeten Gewürze unterstreichen das süße Aroma und machen diesen Salat zu einem perfekten Begleiter von Schweine- und Entenfleisch.

Für 4–6 Portionen

1 kg Rotkohl, 2 Kochäpfel
2 gehackte Zwiebeln
1 TL frisch gemahlene Muskatnuss
¼ TL gemahlene Nelken, ¼ TL gemahlener Zimt
1 EL Rohzucker, 3 EL Rotweinessig
25 g Butter, in Würfel geschnitten
Salz und gemahlener schwarzer Pfeffer
gehackte glatte Petersilienblätter zum Garnieren

1 Den Backofen auf 160 °C vorheizen (Umluft 140 °C). Die dicken weißen Rippen der äußeren Kohlblätter mit einem scharfen Messer entfernen, dann den Kohl fein hobeln. Die Äpfel schälen, entkernen und grob raspeln.

2 Das gehobelte Kraut zusammen mit Zwiebeln, Äpfeln, Gewürzen, Zucker, Salz und Pfeffer in eine feuerfeste Form schichten. Den Essig über das Kraut gießen und die Butterwürfel darauf verteilen.

3 Das Kraut zugedeckt 90 Minuten schmoren bis es vollkommen weich ist, dabei immer wieder umrühren. Mit der Petersilie garnieren und sofort zu Tisch geben.

Zubereitungstipp
Die Zugabe von Flüssigkeit vor dem Schmoren sorgt dafür, dass wichtige Nährstoffe erhalten bleiben.

Superfood-Tipp
Kohl ist reich an Ballaststoffen sowie den Vitaminen A, C, B6 und K.

160 kcal/668 kJ; 4,3 g Protein; 23,8 g Kohlenhydrate, davon 22,4 g Zucker; 5,8 g Fett, davon 3,3 g gesättigte Fette; 13 mg Cholesterin; 140 mg Calcium; 6,6 g Ballaststoffe; 58 mg Natrium

Grünkohl mit Senfsoße

Mit seinen dunkelgrünen, gekräuselten Blättern ist der Grünkohl schon allein optisch ein Genuss. Er ist zudem reich an Antioxidantien und Vitaminen. Sein leicht pfeffriger Geschmack harmoniert perfekt mit dem Senfdressing.

Für 4 Portionen
250 g Grünkohl, 3 EL leichtes Olivenöl
1 TL körniger Senf, 1 EL Weißweinessig
1 Prise extrafeiner Zucker
Salz und gemahlener schwarzer Pfeffer

1 Den Grünkohl waschen und sorgfältig abseihen. Die Blätter von den Stielen abstreifen und halbieren. Den Kohl einige Minuten dämpfen, bis er zusammenfällt. Zum Trocknen beiseitestellen.

2 Das Öl mit dem Senf in einer Salatschüssel zu einer homogenen Masse verquirlen. Dann den Essig einarbeiten bis das Dressing einzudicken beginnt.

3 Das Senfdressing nach Geschmack mit Zucker, Salz und Pfeffer würzen. Den Grünkohl zugeben und im Dressing wenden. Sofort servieren.

99 kcal/409 kJ; 2,1 g Protein; 1,9 g Kohlenhydrate, davon 1,9 g Zucker; 9,3 g Fett, davon 1,3 g gesättigte Fette; 0 mg Cholesterin; 82 mg Calcium; 2 g Ballaststoffe; 27 mg Natrium

Geschmorter Mangold

Das Schmoren mit wenig Wasser sorgt dafür, dass die beeindruckende Palette von Nährstoffen, die im Mangold steckt, beim Kochen erhalten bleibt. Sowohl die Blätter als auch die Stiele sind essbar und können individuell zubereitet werden.

Für 4 Portionen
900 Mangold oder Spinat
1 EL Butter
1 Prise frisch gemahlene Muskatnuss
Meersalz und gemahlener schwarzer Pfeffer

Zubereitungstipp
So bereiten Sie die Mangoldstiele zu: Die Stiele an der Basis kürzen, gründlich waschen und zu Bündeln zusammenbinden. In kochendem Wasser 20 Minuten garen, bis sie bissfest sind. Mit einer weißen Soße servieren oder mit 2 EL Sahne beträufeln, erwärmen und würzen.

1 Die Stiele vom Mangold oder Spinat entfernen (gegebenenfalls weiterverwerten – siehe Zubereitungstipp).

2 Die Mangoldblätter gründlich waschen und noch nass in eine leicht gefettete Pfanne geben. Die den Blättern anhaftende Feuchtigkeit reicht für den Garprozess bereits aus.

3 Einen gut schließenden Deckel auflegen und bei mittlerer Hitze 3–5 Minuten garen, bis der Mangold weich ist. Dabei gelegentlich an der Pfanne rütteln.

4 Die Mangoldblätter gut abseihen und in eine Schüssel geben. Butter sowie Muskatnuss hinzufügen und nach Geschmack würzen. Sobald die Butter geschmolzen ist, alles gut durchmischen und sofort servieren.

84 kcal/347 kJ; 6,3 g Protein; 3,6 g Kohlenhydrate, davon 3,4 g Zucker; 4,9 g Fett, davon 2,2 g gesättigte Fette; 8 mg Cholesterin; 383 mg Calcium; 4,7 g Ballaststoffe; 338 mg Natrium

Rote Beete mit Sahnemeerrettich

Das süße Aroma der dunkelroten Knollen wird hier sowohl durch die Art der Zubereitung als auch durch den Meerrettich und den Essig hervorgehoben. Am besten wählen Sie kleine Knollen, um maximal von diesem nährstoffreichen Gemüse zu profitieren.

Für 4–6 Portionen
10–12 kleine Rote-Beete-Knollen
2 EL Öl, 3 EL frisch geriebener Meerrettich
1 EL Weißweinessig, 2 TL extrafeiner Zucker
150 ml Doppelrahm, Salz

1 Den Backofen auf 180°C vorheizen (Umluft 160°C). Die Rote-Beete-Knollen waschen, ohne deren Schale zu verletzen. Die Stiele kürzen, aber nicht ganz abschneiden.

2 Die Knollen in Öl wenden und mit Salz bestreuen. Danach in einen Bräter geben und mit Folie abgedeckt rund 90 Minuten braten, bis sie auch in der Mitte weich sind. Mit der Folie 10 Minuten auskühlen lassen.

3 Inzwischen die Soße zubereiten. Dazu Meerrettich, Essig und Zucker in einer Schüssel gut vermengen. Den Rahm aufschlagen und unter die Meerrettichmischung rühren. Abdecken und bis zum Servieren kalt stellen.

4 Wenn die Rote-Beete-Knollen einigermaßen abgekühlt sind, die Knollen vorsichtig schälen und mit der Meerrettichsoße zu Tisch geben.

Zubereitungstipps
- Falls Sie keine frische Meerrettichwurzel bekommen, greifen Sie auf Meerrettich aus dem Glas zurück.
- Für eine leichtere Soße ersetzen Sie die Hälfte des Doppelrahms durch Naturjoghurt oder Crème fraîche.

254 kcal/1052 kJ; 2,1 g Protein; 10 g Kohlenhydrate, davon 9,1 g Zucker; 22,2 g Fett, davon 3,2 g gesättigte Fette; 1 mg Cholesterin; 26 mg Calcium; 2,3 g Ballaststoffe; 143 mg Natrium

Karotten-Pastinaken-Püree

Diese beiden Wurzelgemüse findet man häufig in Kombination – so auch bei dieser beliebten Beilage. Doch nicht nur geschmacklich ergänzen sich die beiden gut, sie bieten darüber hinaus eine ganze Reihe von Vitaminen und sind reich an Antioxidantien.

Für 6–8 Portionen

350 g Karotten, 450 g Pastinaken
1 Prise frisch gemahlene Muskatnuss oder
    gemahlener Macis
1 EL Butter
1 EL Sahne (optional)
1 kleiner Bund Petersilienblätter, gehackt,
    sowie Blätter zum Garnieren
Salz und gemahlener schwarzer Pfeffer

2 Das Gemüse sorgfältig abseihen und passieren. Muskatnuss sowie Butter zugeben. Großzügig mit Salz und Pfeffer würzen und alles durchmischen. Gegebenenfalls nachwürzen.

3 Falls gewünscht, Sahne nach Geschmack sowie die Petersilie für zusätzliches Aroma untermischen. Das Püree in eine vorgewärmte Servierschale füllen und mit frisch gehackter Petersilie garniert servieren.

1 Die Karotten schälen und in feine Scheiben schneiden. Die Pastinaken ebenfalls schälen und in mundgerechte Stücke schneiden (sie werden schneller gar als die Karotten). Die beiden Gemüse separat in Salzwasser garen, bis sie weich sind.

Zubereitungstipp

Eine schnelle hausgemachte Suppe erhalten Sie, wenn Sie die Reste des Pürees mit Geflügelbrühe verdünnen.

92 kcal/385 kJ; 1,8 g Protein; 14,1 g Kohlenhydrate, davon 8,7 g Zucker; 3,5 g Fett, davon 1,8 g gesättigte Fette; 7 mg Cholesterin; 48 mg Calcium; 4,9 g Ballaststoffe; 38 mg Natrium

Geröstete Topinambur

Unter dem knubbeligen braunen Äußeren verbirgt sich ein köstliches nussig-süßes Frucht-fleisch, das einen hohen Gehalt an Eisen und Kalium aufweist. Topinambur wird meist für Suppen verwendet, schmeckt jedoch auch geröstet oder als Püree fabelhaft.

Für 6 Portionen

675 g Topinambur, 1 EL Zitronensaft oder Essig
Salz, 50 g ungesalzene Butter
Mehl zum Bestäuben

Variante

Sollten die Topinambur während des Kochens auseinanderfallen, ist Pürieren eine gute Alter-native. Einfach die gekochten Topinambur-stücke pürieren oder zerstampfen und nach Geschmack mit Salz und frisch gemahlenem schwarzen Pfeffer würzen. Falls gewünscht, etwas Sahne zugeben.

1 Die Topinamburknollen schälen und sofort in eine Schüssel mit Zitronensaft oder Essig versetz-tem Wasser geben, damit sie sich nicht verfärben.

2 Die Knollen in gleich große Stücke schneiden, da sie sonst ungleichmäßig garen.

3 Den Backofen auf 180 °C vorheizen (Umluft 200 °C). Salzwasser in einem Topf zum Kochen bringen. Topinambur abseihen.

4 Die Topinamburstücke 5 Minuten kochen. Hier ist Vorsicht geboten, da sie leicht auseinanderbrechen.

5 Die Butter schmelzen. Die gekochten Topinam-burstücke zuerst im Mehl, anschließend in der zerlassenen Butter wenden.

6 Dann die mit Butter und Mehl überzogenen Topinamburstücke im Backofen 20–30 Minuten rösten, bis sie goldbraun sind. Sofort servieren.

101 kcal/419 kJ; 0,7 g Protein; 8,9 g Kohlenhydrate, davon 8,4 g Zucker; 7,2 g Fett, davon 4,5 g gesättigte Fette; 18 mg Cholesterin; 30 mg Calcium; 2,7 g Ballaststoffe; 242 mg Natrium

Erbsen-Schalotten-Püree

Seien Sie experimentierfreudig! Diese herzhafte und nährstoffreiche Beilage ist eine hervorragende Alternative zu Kartoffelpüree. Ein weiterer Vorteil: Sie zählt auch in Bezug auf die 5 Obst- und Gemüseportionen, die pro Tag empfohlen werden.

Für 4–6 Portionen
225 gelbe Schälerbsen, 1 Lorbeerblatt
8 grob gehackte Salbeiblätter, 1 EL Olivenöl
3 fein gehackte Frühlingszwiebeln
1 gehäufter TL Kreuzkümmelsamen
1 große Knoblauchzehe, gehackt
50 g weiche Butter
Salz und frisch gemahlener schwarzer Pfeffer

1 Die Erbsen über Nacht in einer Schüssel mit kaltem Wasser einweichen. Dann spülen und abseihen.

2 Die eingeweichten Erbsen in einen Topf geben, mit Wasser bedecken und zum Kochen bringen. Aufsteigenden Schaum abschöpfen und die Hitze reduzieren.

3 Das Lorbeerblatt und den Salbei hinzufügen, 30–40 Minuten simmern lassen, bis die Erbsen weich sind. Falls nötig, während des Kochens Wasser zugeben.

4 In der Zwischenzeit das Öl in einer Pfanne erhitzen und darin die Frühlingszwiebeln, den Kreuzkümmel und den Knoblauch bei mittlerer Hitze 2–3 Minuten Farbe nehmen lassen. Dabei gelegentlich umrühren. Dann die Zwiebelmischung zu den Erbsen geben, während diese noch kochen.

5 Die Erbsen abseihen, dabei das Wasser auffangen. Das Lorbeerblatt entfernen und die Erbsen zusammen mit der Butter im Mixer oder in der Küchenmaschine pürieren. Großzügig würzen.

6 7 EL des Kochwassers zugeben und zu einem groben Püree verarbeiten. Sollte die Masse zu trocken sein, mehr Wasser hinzufügen. Gegebenenfalls noch einmal nachwürzen und servieren.

201 kcal/845 kJ; 9,1 g Protein; 22 g Kohlenhydrate, davon 1,5 g Zucker; 9,2 g Fett, davon 4,7 g gesättigte Fette; 18 mg Cholesterin; 23 mg Calcium; 2 g Ballaststoffe; 64 mg Natrium

Blumenkohl mit Ei und Zitrone

Blumenkohl steht Brokkoli in Bezug auf den Nährstoffgehalt in nichts nach und die schonende Zubereitungsweise sorgt dafür, dass dieser auch erhalten bleibt. Auch die schmackhafte, etwas säuerliche Soße ist leicht und kommt ohne Weizenmehl aus.

Für 6 Portionen als Vorspeise,
4 Portionen als Hauptgericht
5–6 EL natives Olivenöl extra
1 mittelgroßer Blumenkohl, in große Röschen zerlegt
2 Eier, Saft von 1 Zitrone
1 TL Speisestärke, angerührt mit kaltem Wasser
2 EL frische glatte Petersilie, gehackt, Salz

1 Das Olivenöl in einer großen Pfanne erhitzen und die Blumenkohlröschen bei mittlerer Hitze darin sautieren, bis sie Farbe nehmen.

2 Mit heißem Wasser aufgießen, sodass die Röschen fast bedeckt sind. Nach Geschmack salzen und mit aufgelegtem Deckel 7–8 Minuten garen, bis der Blumenkohl bissfest ist. Die Pfanne zugedeckt beiseitestellen.

3 Die Eier aufschlagen und mit dem Zitronensaft und der Speisestärke verquirlen. Dann einige EL der heißen Kochflüssigkeit einarbeiten und die Flüssigkeit über die Blumenkohlröschen geben. Vorsichtig umrühren.

4 Die Soße bei geringer Hitze 2 Minuten eindicken lassen. Dann den Blumenkohl auf vorgewärmte Teller verteilen und mit Petersilie bestreut servieren.

Variante
Sie können den Blumenkohl auch durch Brokkoli ersetzen oder beide für eine mehrfarbige Variante mischen.

210 kcal/833 kJ; 7 g Protein; 4,4 g Kohlenhydrate, davon 2,7 g Zucker; 17,5 g Fett, davon 3 g gesättigte Fette; 95 mg Cholesterin; 51 mg Calcium; 2,2 g Ballaststoffe; 47 mg Natrium

Geschichteter Heringssalat

Dieser traditionelle russische Salat erinnert an einen Schichtkuchen. Er verbindet eine Reihe von farbenfrohem Obst und Gemüse mit omega-3-reichen Heringsfilets. Das Topping aus hart gekochten Eiern sorgt zudem für einen zusätzlichen Vitaminschub.

**Für 8 Portionen als Vorspeise,
4 Portionen als Hauptgericht**

250 g gesalzene Heringsfilets
3 Karotten (insgesamt 250 g)
4 Eier
1 kleine rote Zwiebel
200 g Mayonnaise
5–6 Rote Beete (insgesamt 300 g)
2 Tafeläpfel
3 EL gehackter frischer Dill zum Garnieren

4 Die Zwiebel fein hacken und zusammen mit 1 EL Mayonnaise mit dem Fisch vermischen. Die Fischmasse flach auf einer Servierplatte (25 cm) anrichten.

5 Karotten, Rote Beete und Äpfel jeweils grob raspeln. Die Roten Beete auf die Fischmasse schichten und 4–5 EL Mayonnaise darauf verteilen. Dann eine Schicht Karotten aufbringen und mit Mayonnaise bestreichen. Darauf die Äpfel verteilen.

1 Die Heringsfilets über Nacht in Wasser einweichen. Am nächsten Tag abseihen, trockentupfen, klein schneiden und in eine Schüssel füllen.

6 Zuletzt einen dünne Schicht Mayonnaise auftragen, den Salat mit Frischhaltefolie abdecken und für 1 Stunde oder über Nacht in den Kühlschrank stellen.

2 Die Karotten in einen Topf mit kaltem Wasser geben und zum Kochen bringen. Dann die Hitze reduzieren und 10–15 Minuten zugedeckt simmern lassen, bis die Karotten bissfest sind. Abseihen, unter fließendes kaltes Wasser halten und beiseitelegen.

3 Zwischenzeitlich die Eier in einen Topf geben, mit kaltem Wasser bedecken und zum Kochen bringen. Die Hitze reduzieren und 10 Minuten simmern lassen. Danach die Eier sofort abgießen, unter fließendem kalten Wasser abschrecken und beiseitestellen.

7 Vor dem Servieren die Eier schälen und grob raspeln. Die Eierraspel als finale Schicht über den Salat streuen, sodass dieser komplett bedeckt ist. Mit Dill garniert zu Tisch geben.

Variante
Verwenden Sie eingelegte rote Beete, um dem Gericht eine säuerliche Note zu verleihen.

130 kcal/544 kJ; 12,1 g Protein; 9,3 g Kohlenhydrate, davon 8,7 g Zucker; 5,3 g Fett, davon 0,8 g gesättigte Fette; 95 mg Cholesterin; 96 mg Calcium; 2,2 g Ballaststoffe; 1697 mg Natrium

Marinierter Lachs mit Avocado

Verwenden Sie für diesen Salat nur ganz frischen Lachs, da er nicht gegart, sondern mariniert wird. Die Avocado, die Mandeln, der Blattsalat und die Misomayonnaise machen dieses Gericht zu einem spannenden Crossover von mediterraner und japanischer Küche.

Für 4 Portionen

250 g frisches Lachsfilet (Schwanzstück) ohne
  Haut
Saft von 1 Zitrone
10 cm Dashi-Kombu, mit einem feuchten Tuch
  abgewischt und in 4 Streifen geschnitten
1 reife Avocado
4 Perillablätter, entstielt und längs halbiert
115 g gemischter Blattsalat, zum Beispiel
  Feldsalat, Friséesalat oder Rucola
3 EL gehobelte Mandeln, in einer
  antihaftbeschichteten Pfanne angebräunt

Für die Misomayonnaise

6 EL hochwertige Mayonnaise
1 EL Shiro Miso (weißes Miso)
gemahlener schwarzer Pfeffer

1 Das erste Lachsfilet am Schwanzende (wo das Filet schmaler als 4 cm ist) quer halbieren, dann das breitere Stück nochmals der Länge nach halbieren. Den restlichen Lachs auf gleiche Weise in drei Teile schneiden.

2 Den Zitronensaft und 2 der Kombustreifen in eine breite Plastikschale geben, die Lachsfilets darauflegen und mit dem restlichen Dashi-Kombu bestreuen.

3 Den Lachs 15 Minuten marinieren, dann wenden und noch einmal 15 Minuten ziehen lassen. Die Farbe der Filets sollte danach merklich dunkler sein.

4 Den Lachs aus der Marinade nehmen, mit Küchenpapier abreiben und entgegen der Grätenrichtung in 5 mm dicke Scheiben schneiden.

5 Die Avocado halbieren und mit etwas Lachsmarinade besprenkeln. Den Kern entfernen, die Avocadohälften schälen und ebenfalls in 5 mm dicke Scheiben schneiden.

6 Die Zutaten für die Misomayonnaise miteinander vermischen und je 1 TL auf die Rückseite der Perillablätter streichen. Die restliche Mayonnaise mit 1 EL Lachsmarinade verdünnen.

7 Die Salatblätter auf 4 Tellern anrichten. Darauf die Avocadoscheiben, die Perillablätter sowie den Lachs arrangieren. Mit den Mandeln bestreuen und die restliche Mayonnaise darüberträufeln.

8 Alternativ Avocado und Lachs „auftürmen". Dazu ¼ der Avocadoscheiben in der Mitte eines Tellers überlappend anrichten, 1 Perillablatt mit der Misoseite nach unten darauflegen und darauf einige Lachsscheiben geben.

9 Mit den anderen Tellern wiederholen, die Salatblätter arrangieren und mit den Mandeln bestreuen. Mit der Mayonnaise beträufeln und servieren.

432 kcal/1781 kJ; 12,1 g Protein; 16,2 g Kohlenhydrate, davon 2,3 g Zucker; 1,4 g Fett, davon 39,8 g gesättigte Fette; 48 mg Cholesterin; 54 mg Calcium; 2,3 g Ballaststoffe; 134 mg Natrium

Coleslaw mit Hühnchen und Orangen

Dieser leichte Coleslaw ist eine erfrische Abwechslung zu der sonst üblichen Mayonnaise-variante. Das knackige Raspelgemüse harmoniert perfekt mit dem proteinhaltigen Geflügel-fleisch und dem leckeren Zitrusdressing.

Für 6 Portionen
120 ml natives Olivenöl extra
6 Hühnerbrustfilets ohne Haut
4 Orangen
1 TL Dijonsenf
1 EL klarer Honig
300 g fein gehacktes Weißkraut
300 g Karotten, geschält und in dünne Scheiben
  geschnitten
2 Frühlingszwiebeln, in Scheiben geschnitten
2 Selleriestangen, in feine Streifen geschnitten
2 EL frischer Estragon, gehackt
2 Limetten
Salz und gemahlener schwarzer Pfeffer

3 Den Dijonsenf, 1 EL Honig und 4 EL Öl mit dem Orangensaft verquirlen und nach Geschmack wür-zen. Dann den Kohl, die Karotten, die Zwiebeln und den Sellerie zugeben und alles vermischen. 10 Minuten ziehen lassen.

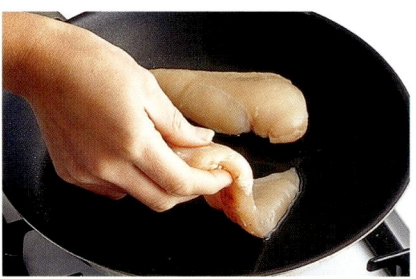

1 2 EL des Öls in einer schweren Bratpfanne er-hitzen und die Hähnchenbrustfilets darin 15–20 Minuten braten, bis sie ganz durchgegart und goldbraun sind. (Je nach Größe der Pfanne auf zwei- oder dreimal braten.) Dann die Filets aus der Pfanne heben und zum Auskühlen beiseitestellen.

2 2 Orangen schälen und die weiße Haut abzie-hen. Die Filets herauslösen und beiseitestellen. Von einer der verbleibenden Orangen die Schale abreiben und die Frucht auspressen. Beides in eine Schüssel füllen.

4 Zwischenzeitlich die letzte Orange auspressen und den Saft mit dem verbleibenden Honig und Öl sowie dem Estragon vermischen. Die Limetten schälen, segmentieren und mit den Orangenfilets unter das Dressing heben. Nach Geschmack würzen.

5 Die Hähnchenbrustfilets in Scheiben schneiden und im Dressing wenden. Die Krautmischung auf Tellern anrichten, Hähnchen hinzufügen und so-fort servieren.

Variante
Statt der Orangen-Öl-Honig-Mischung können Sie auch Mayonnaise, Crème fraîche oder Sauerrahm verwenden, um das Hähnchen anzurichten.

293 kcal/1219 kJ; 21 g Protein; 5 g Kohlenhydrate, davon 5 g Zucker; 21 g Fett, davon 3 g gesättigte Fette; 58 mg Cholesterin; 37 mg Calcium; 1,4 g Ballaststoffe; 165 mg Natrium

Chili-Reis mit Kurkuma und Koriander

Diese Reisbeilage besticht durch ihren Geschmack, ihre Farbe und ihre Schärfe. Die Chilis regen den Körper an, während das Kurkuma ihn mit Antioxidantien schützt. Der Braunreis verbessert sowohl den Nährstoffgehalt als auch den glykämischen Index.

Für 4 Portionen
1 EL Pflanzenöl oder Sesamöl
2–3 grüne oder rote Thai-Chilis, entkernt
   und fein gehackt
2 fein gehackte Knoblauchzehen
2,5 cm fein gehackter frischer Ingwer
1 TL Zucker
2 TL–1 EL gemahlenes Kurkuma
225 g brauner Langkornreis
2 EL Fischsoße
600 ml Wasser oder Fischfond oder Gemüse-
   bzw. Geflügelbrühe
1 Bund frischer Koriander, die Blätter fein gehackt
Salz und gemahlener schwarzer Pfeffer

1 Das Öl in einer schweren Pfanne erhitzen, Chilis, Knoblauch, Ingwer und Zucker zugeben. Sobald diese beginnen, Farbe zu nehmen, das Kurkuma hinzufügen.

2 Den Reis in der Gewürzmischung wenden, dann den Fischfond oder die Brühe angießen, sodass der Reis mit 2,5 cm Flüssigkeit bedeckt ist.

3 Mit Salz und Pfeffer würzen, dann die Flüssigkeit zum Kochen bringen. Die Hitze reduzieren und 25 Minuten zugedeckt simmern lassen, bis das Wasser aufgesaugt ist.

4 Die Pfanne vom Herd nehmen und den Reis noch 10 Minuten ziehen lassen.

5 Den fertigen Reis auf Teller verteilen. Einen Teil des Korianders mit einer Gabel vorsichtig untermischen, den Rest darüberstreuen und servieren.

Zubereitungstipp
Vorsicht beim Hacken der Chilis. Diese können Irritationen der Haut und der Augen auslösen.

252 kcal/1066 kJ; 5 g Protein; 51 g Kohlenhydrate, davon 1 g Zucker; 5 g Fett, davon 1 g gesättigte Fette; 0 mg Cholesterin; 24 mg Calcium; 0,3 g Ballaststoffe; 0,5 mg Natrium

Mayonnaise

Die Kombination von omega-3-reichen Ölen macht diese Mayonnaise gesünder, aber nicht fett- oder kalorienärmer – also sparsam damit umgehen. Verwenden Sie sie für Coleslaw und Kartoffelsalat oder verarbeiten Sie sie zu Pesto und Aioli weiter.

Für 300 ml
250 ml Rapsöl, 50 ml Leinsamenöl
1 frisches Ei, 1 EL Weißweinessig
2 TL Senf

Aioli
2 zerdrückte Knoblauchzehen
1 EL Zitronensaft, Salz und Pfeffer

1 Das Raps- und Leinsamenöl in einem Krug vermischen.

2 Das Ei, den Essig und den gewünschten Senf in eine Schüssel geben und mit einem Hand- oder Standmixer einige Sekunden miteinander verrühren.

3 Bei laufendem Mixer das Öl in dünnem Faden einlaufen lassen. Nach Zugabe von ⅔ des Öls beginnt die Mayonnaise sich zu verdicken. Hier ist also etwas Geduld gefragt.

Achtung
Da die Mayonnaise rohes Ei enthält, sollte sie nicht von Schwangeren, Senioren und Kleinkindern verzehrt werden!

4 Das restliche Öl einlaufen lassen und weiterschlagen, bis eine dickcremige Mayonnaise entsteht. Gegebenenfalls das Öl mit einer Gabel einarbeiten.

5 Für die Aioli den Knoblauch und den Zitronensaft unterrühren und mit Salz und Pfeffer abschmecken.

2809 kcal/11588 kJ; 9 g Protein; 3 g Kohlenhydrate, davon 2 g Zucker; 308 g Fett, davon 23 g gesättigte Fette; 238 mg Cholesterin; 48 mg Calcium; 0,3 g Ballaststoffe; 599 mg Natrium

Thailändischer Rindfleischsalat

Verwenden Sie möglichst das Fleisch von grasgefütterten Rindern und entfernen Sie alles Fett. Dieses Gericht ist nicht nur reich an Eisen, sondern auch an Aromen und Texturen. Zusammen mit einem knackigen Salat ergibt es ein köstliches Mittagessen.

Für 4 Portionen

675 g Rinderfilet oder Rumpsteak
2 EL Olivenöl
2 kleine milde rote Chilis, entkernt und in
    Scheiben geschnitten
225 g Shiitakepilze, in Scheiben geschnitten

Für das Dressing

3 fein gehackte Frühlingszwiebeln
2 fein gehackte Knoblauchzehen
Saft von 1 Limette
1–2 EL Fisch- oder Austernsoße
1 TL Rohzucker
2 EL gehackter frischer Koriander

Zum Garnieren

1 Römersalat, in Streifen zerkleinert
175 g Cherrytomaten, halbiert
5 cm Salatgurke, geschält, entkernt und in dünne
    Scheiben geschnitten
3 EL geröstete Sesamkerne

3 Das Öl in einer Pfanne erhitzen und darin die roten Chilis und die in Scheiben geschnittenen Pilze anbraten. Gelegentlich umrühren.

4 Die Kochplatte abschalten. Die Fleischscheiben in die Pfanne geben und gut umrühren, sodass sie mit den Pilzen bedeckt sind.

1 Den Backofengrill vorheizen und die Steaks 2–4 Minuten von jeder Seite grillen, je nachdem, welche Garstufe bevorzugt wird. (In Thailand wird Rindfleisch traditionell blutig serviert.) Mindestens 15 Minuten abkühlen lassen.

5 Die Zutaten für das Dressing miteinander vermischen und über die Fleisch-Pilz-Mischung schütten. Vorsichtig wenden.

6 Die Salatstreifen, die Tomaten und die Gurkenscheiben auf einer Servierplatte anrichten, die Fleisch-Pilz-Mischung in die Mitte geben und mit Sesamkörnern bestreuen. Sofort servieren.

2 Das Fleisch in möglichst dünne Scheiben schneiden, in eine Schüssel legen und beiseitestellen.

381 kcal/1591 kJ; 39,8 g Protein; 4,1 g Kohlenhydrate, davon 3,8 g Zucker; 23 g Fett, davon 6,6 g gesättigte Fette; 103 mg Cholesterin; 105 mg Calcium; 2,5 g Ballaststoffe; 352 mg Natrium

Omega-3-Salatdressing

Fügen Sie Kräuter zum Dressing hinzu, abhängig davon, zu welchem Gericht Sie den Salat servieren wollen: Dill passt sehr gut zu Fischgerichten, zu Geflügel Petersilie. Das Rapsöl mindert den starken Eigengeschmack des Leinsamenöls etwas ab.

Für 120 ml

3 EL Sherryessig, 3 EL Rapsöl
3 EL Leinsamenöl
2 TL gehackte frische Kräuter wie Petersilie,
   Schnittlauch und Koriander
½ TL körniger Senf
frisch gemahlener schwarzer Pfeffer

1 Alle Zutaten in ein Glas oder eine Flasche mit Schraubverschluss füllen und schütteln, bis sich alles gut vermischt hat. Das Dressing über den gewünschten Salat gießen.

734 kcal/3042 kJ; 1 g Protein; 1 g Kohlenhydrate, davon 1 g Zucker; 81 g Fett, davon 6 g gesättigte Fette; 0 mg Cholesterin; 18 mg Calcium; 0,6 g Ballaststoffe; 117 mg Natrium

HAUPTGERICHTE

Leckere und trotzdem gesunde Hauptgerichte lassen
sich aus einer Vielzahl von Zutaten zubereiten –
magerem Geflügelfleisch, Fettfisch, Eiern, Nüssen,
Hülsenfrüchten und Getreide. Die hier vorgestellten
Gerichte sind nicht nur nahrhaft, sondern stecken
voller Ballaststoffe, Vitamine und Mineralstoffe.
Sie können dabei zwischen einem schnellen Abendessen
wie einem Pfefferrisotto oder Erbsenomelett mit Minze
wählen sowie einem ausgiebigen Wochenendmittagessen
wie Rinderstew mit Austern oder marokkanischem
Lamm mit Honig und Pflaumen.

Gemüsecouscous mit Oliven und Mandeln

Dieses Gericht aus der Mittelmeerküche beinhaltet herzschützende Zutaten wie Oliven, Mandeln und Olivenöl. Auch der Couscous ist fettarm, enthält dafür aber viele stärkehaltige Kohlenhydrate. Eine glutenfreie Alternative sind Quinoa oder Braunreis.

Für 4 Portionen
275 g Couscous
525 ml kochende Gemüsebrühe
16–20 schwarze Oliven
2 kleine Zucchini
25 g gehobelte Mandeln, geröstet
4 EL Olivenöl
1 EL Zitronensaft
1 EL gehackter frischer Koriander
1 EL gehackte frische Petersilie
1 Prise gemahlener Kreuzümmel (Cumin)
1 Prise Paprikapulver

1 Den Couscous in eine hitzebeständige Schüssel füllen und mit der Brühe übergießen. Mit einer Gabel vermischen, 10 Minuten quellen lassen. Wenn die gesamte Brühe aufgesaugt ist, den Couscous mit der Gabel auflockern.

Varianten
- 2 TL geriebener frischer Ingwer verleihen diesem Salat eine zusätzliche Geschmacksnote.
- Variieren Sie die Aromen, indem Sie verschiedene Gemüsekombinationen ausprobieren, zum Beispiel gehackte Tomaten, Gurkenstreifen, geröstete Kürbiswürfel oder gekochte Auberginenwürfel.

2 Zwischenzeitlich die Oliven entkernen und halbieren. Stiel- und Blütenansatz der Zucchini entfernen und diese in Stifte schneiden.

3 Die Zucchinistifte, die Oliven und die Mandeln zum Couscous geben und vorsichtig, aber gründlich vermischen.

4 Das Olivenöl, den Zitronensaft sowie die Kräuter und Gewürze verrühren und über den Couscous gießen. Vorsichtig wenden und servieren.

319 kcal/1326 kJ; 6,6 g Protein; 36,9 g Kohlenhydrate, davon 1,4 g Zucker; 16,9 g Fett, davon 2,1 g gesättigte Fette; 95 mg Cholesterin; 73 mg Calcium; 1,9 g Ballaststoffe; 287 mg Natrium

Geröstete Ratatouille-Moussaka

Das Rösten des bunten Gemüses in Olivenöl intensiviert die vielfältigen Aromen, die einen gelungenen Kontrast zu dem leichten Ei-Käse-Topping bilden. Servieren Sie das Gericht in einer großen Schüssel und verteilen Sie es erst am Tisch auf einzelne Teller.

Für 4–6 Portionen

2 rote Paprika, entkernt und grob zerkleinert
2 gelbe Paprika, entkernt und grob zerkleinert
2 grob zerkleinerte Auberginen
3 in Scheiben geschnittene Zucchini
3 EL Olivenöl
3 zerdrückte Knoblauchzehen
400 g Tomatenstücke (Dosenware)
2 EL Tomatenmark
3 EL gehacktes frisches Basilikum oder
   1 EL getrocknetes Basilikum
1 EL Balsamicoessig
¼ TL Rohzucker
Salz und frisch gemahlener schwarzer Pfefer
Basilikumblätter zum Garnieren

Für das Topping
2 EL Butter
25 g Mehl
300 ml Milch
¼ TL frisch gemahlene Muskatnuss
250 g Ricottakäse
3 verquirlte Eier
25 g frisch geriebener Parmesankäse

1 Den Backofen auf 230 °C vorheizen (Umluft 210 °C). Die Paprika, Auberginen sowie Zucchini auf einem großen Backblech verteilen und gut würzen.

2 Das Öl mit dem Knoblauch vermischen und über das Gemüse gießen.

3 Im Backofen 15–20 Minuten rösten, bis das Gemüse leicht verschmort ist, dabei einmal wenden. Das Blech aus dem Ofen holen und beiseitestellen. Die Temperatur auf 200 °C (Umluft 190 °C) reduzieren.

4 Die Tomatenstücke, das Tomatenmark, das Basilikum, den Essig und den Zucker in einem Topf zum Kochen bringen. Simmern lassen, bis die Masse beginnt einzudicken, dabei gelegentlich umrühren. Nach Geschmack würzen.

5 Das Gemüse vorsichtig zur Tomatensoße geben, gut umrühren. Die Masse in eine feuerfeste Form geben und glatt streichen.

6 Für das Topping die Butter in einem Topf bei niedriger Temperatur schmelzen. Das Mehl einrühren und 1 Minuten kochen. Die Milch unter ständigem Rühren einarbeiten. Muskatnuss hinzufügen und die Masse aufschlagen, bis sie eingedickt ist. Weitere 2 Minuten kochen.

7 Die Mehlschwitze vom Herd nehmen und leicht abkühlen lassen. Dann den Ricotta und die Eier unterrühren und nach Geschmack würzen.

8 Das Topping über das Gemüse gießen und mit dem Parmesan bestreuen. Im Backofen goldgelb backen, sofort mit Basilikumblättern garniert servieren.

570 kcal/2367 kJ; 22,1 g Protein; 27,5 g Kohlenhydrate, davon 21,7 g Zucker; 42,1 g Fett, davon 20,3 g gesättigte Fette; 223 mg Cholesterin; 339 mg Calcium; 7,1 g Ballaststoffe; 447 mg Natrium

Mediterraner Gemüse-Hot-Pot

Dieses Gericht bietet alles, wofür die mediterrane Küche bekannt ist – Gemüse, Hülsenfrüchte, Olivenöl und Knoblauch – und eignet sich perfekt für Familienfeste und Feiern. Am besten servieren Sie es mit knusprigem Brot und knackigem grünen Salat.

Für 4 Portionen

4 EL natives Olivenöl extra oder Sonnenblumenöl
1 große Zwiebel, gehackt
2 kleine oder mittlere Auberginen, in kleine
 Würfel geschnitten
4 Zucchini, in kleine Stücke geschnitten
2 rote, gelbe oder grüne Paprika, entkernt und
 gehackt
115 g frische oder tiefgefrorene Erbsen
115 g grüne Bohnen
115 g französische Bohnen, gewaschen und
 abgetropft
450 g Salatkartoffeln, geschält und in Würfel
 geschnitten
½ TL gemahlener Zimt
½ TL gemahlener Kreuzkümmel (Cumin)
1 TL Paprikapulver
4–5 geschälte Tomaten
400 g Tomatenstücke (Dosenware)
2 EL gehackte frische Petersilie
3–4 zerdrückte Knoblauchzehen
350 ml Gemüsebrühe
Salz und gemahlener schwarzer Pfeffer
schwarze Oliven und Petersilie zum Garnieren

2 Die Tomaten halbieren, das wässrige Innere sowie die Kerne entfernen. Dann die Tomaten klein schneiden, in eine Schüssel geben und mit den Dosentomaten sowie Petersilie, Knoblauch und dem restliche Olivenöl vermischen. Die Gemüsemischung in eine niedrige Auflaufform füllen und glatt streichen.

3 Dann das Gemüse zunächst mit der Brühe, anschließend mit der Tomatenmischung übergießen.

1 Den Backofen auf 190 °C vorheizen (Umluft 170 °C). 3 EL des Öls in einer Pfanne erhitzen, die Zwiebeln darin Farbe nehmen lassen. Die Auberginen hinzufügen und 3 Minuten sautieren, dann die Zucchini, Paprika, Erbsen, Bohnen sowie Kartoffeln zugeben. Die Gewürze hinzufügen und alles unter ständigem Rühren 3 Minuten garen.

4 Die Form mit Alufolie abdecken und 35–40 Minuten backen, bis das Gemüse weich ist. Mit den Oliven sowie der Petersilie garnieren und heiß servieren.

365 kcal/1529 kJ; 14,3 g Protein; 48,2 g Kohlenhydrate, davon 20,1 g Zucker; 14,1 g Fett, davon 2,3 g gesättigte Fette; 0 mg Cholesterin; 141 mg Calcium; 12,8 g Ballaststoffe; 224 mg Natrium

Gerstenrisotto mit geröstetem Kürbis

Durch die nussigen, leicht zähen Gerstengraupen erinnert dieses Gericht eher an einen Pilaw als an ein klassisches Risotto. Der Vorteil ist, dass die Gerste den glykämischen Index verbessert und die Energie langsam und stetig an den Körper abgegeben wird.

Für 4–5 Portionen

200 g Gerstengraupen
1 Moschuskürbis, geschält, entkernt und in
    Stücke geschnitten
2 TL gehackter frischer Thymian
4 EL Olivenöl, 2 EL Butter
4 Lauchstangen, in dickere schräge Scheiben
    geschnitten
175 g braune Champignons, in Scheiben geschnitten
2 grob geraspelte Karotten
ca. 120 ml Gemüsebrühe
2 EL frische glatte Petersilie, gehackt
50 g geriebener Pecorinokäse
3 EL geröstete Kürbiskerne oder gehackte Walnüsse
Salz und gemahlener schwarzer Pfeffer

1 Die Graupen waschen. Bei halb aufgelegtem Deckel 35–45 Minuten simmern lassen, bis sie weich sind, dann abseihen. Den Backofen auf 200 °C vorheizen (Umluft 180 °C).

2 Die Kürbisstücke mit der Hälfte des Thymians auf einem tiefen Backblech verteilen, mit Pfeffer würzen und die Hälfte des Öls darübergießen. 30–35 Minuten im Backofen rösten, bis sie weich sind und Farbe nehmen, einmal wenden.

3 Die Hälfte der Butter mit dem übrigen Öl in einer großen Pfanne erhitzen, den Lauch und den Knoblauch darin 5 Minuten andünsten.

4 Die Pilze und den übrigen Thymian zum Lauch geben und so lange garen, bis das in den Pilzen enthaltene Wasser verdunstet ist und diese zu brutzeln beginnen.

5 Die Karotten einrühren und 2 Minuten kochen. Dann die Graupen sowie den Großteil der Brühe zugeben und gut würzen. Bei halb aufgelegtem Deckel weitere 5 Minuten garen. Gegebenenfalls die restliche Brühe zugeben.

6 Die Petersilie, die übrige Butter sowie die Hälfte des Pecorino einarbeiten, schließlich die Kürbisstücke untermischen. Mit den gerösteten Kürbiskernen oder den Walnüssen sowie dem restlichen Pecorino garniert sofort zu Tisch geben.

409 kcal/1713 kJ; 11,8 g Protein; 43,4 g Kohlenhydrate, davon 7,1 g Zucker; 22,1 g Fett, davon 6,6 g gesättigte Fette; 21 mg Cholesterin; 249 mg Calcium; 4,9 g Ballaststoffe; 159 mg Natrium

Pasta mit geröstetem Gemüse

Dieses simple Gericht ist dank des bunten, vitamin- und nährstoffreichen Gemüses ein gesunder Augen- und Gaumenschmaus. Da durch das Rösten der Geschmack des Gemüses intensiviert wird, ist in diesem Fall eine zusätzliche Pastasoße überflüssig.

Für 4–6 Portionen

1 rote Paprika, in 1 cm große Würfel geschnitten
1 gelbe oder orangefarbene Paprika, in 1 cm
  große Würfel geschnitten
1 gewürfelte Aubergine, 2 gewürfelte Zucchini
5 EL natives Olivenöl extra
1 EL frische glatte Petersilie, gehackt
1 TL getrockneter Majoran oder Oregano
250 g italienische Baby-Eiertomaten, geschält
  und der Länge nach halbiert
2 grob gehackte Knoblauchzehen
350–400 g Conchiglie-Nudeln
Salz und gemahlener schwarzer Pfeffer
4–6 Majoran- oder Oreganoblüten zum Garnieren

1 Den Backofen auf 190 °C vorheizen (Umluft 170 °C). Die vorbereiteten Paprika sowie die Aubergine und die Zucchini in einem Sieb unter fließendem kalten Wasser spülen und abtropfen lassen. Dann das Gemüse auf einem Backblech ausbreiten.

2 3 EL des Olivenöls über das Gemüse tröpfeln und die frischen sowie getrockneten Kräuter darüberstreuen. Nach Geschmack mit Salz und Pfeffer würzen und alles gut vermischen. Im Backofen 30 Minuten rösten, zwei- oder dreimal wenden.

3 Die halbierten Tomaten und den Knoblauch unter das Gemüse mischen und weitere 20 Minuten rösten, dabei ein- oder zweimal wenden. In der Zwischenzeit die Nudeln gemäß Packungsanleitung zubereiten.

4 Die Nudeln abseihen und in eine vorgewärmte Schüssel füllen. Das Röstgemüse sowie das restliche Olivenöl dazugeben und alles gut vermischen. Mit den Kräuterblüten garnieren und heiß zu Tisch geben.

Zubereitungstipp

Pasta mit geröstetem Gemüse schmeckt auch kalt hervorragend. Eventuelle Reste also nicht wegwerfen, sondern mit Frischhaltefolie abgedeckt im Kühlschrank lagern und am nächsten Tag als Salat genießen. Dieser eignet sich übrigens besonders gut für ein Picknick.

319 kcal/1343 kJ; 8,8 g Protein; 46,6 g Kohlenhydrate, davon 8 g Zucker; 10,8 g Fett, davon 1,6 g gesättigte Fette; 0 mg Cholesterin; 34 mg Calcium; 4 g Ballaststoffe; 9 mg Natrium

Paprikarisotto

Paprika sind reich an Vitamin C und Carotinoiden – alles Antioxidantien. Dabei sind die gelben und roten Varietäten deutlich süßer als die grünen. Dieses süße Aroma wird durch das Grillen verstärkt und macht dieses Gericht zu einem wunderbaren Mittagessen.

Für 4 Portionen
1 rote Paprika, 1 gelbe Paprika
1 EL Olivenöl, 2 EL Butter
1 gehackte Zwiebel, 2 zerdrückte Knoblauchzehen
275 g Risottoreis, 1 l simmernde Gemüsebrühe
50 g frisch geriebener Parmesankäse
Salz und frisch gemahlener schwarzer Pfeffer
frisch geriebener Parmesankäse zum Bestreuen
   (optional)

1 Den Grill auf hoher Temperatur vorheizen. Die Paprika halbieren, die Kerne sowie die weißen Innenhäute entfernen. Die Paprikahälften mit der Schnittfläche nach unten auf ein Backblech setzen. Im Backofen 5 Minuten grillen, bis die Haut verkohlt ist. Dann die Paprika in einen Gefrierbeutel geben und 4–5 Minuten ruhen lassen.

2 Wenn der Dampf die Haut gelöst hat, diese abziehen. Dann die Paprika in dünne Streifen schneiden.

3 Das Öl und die Butter in einer Pfanne erhitzen, die Zwiebel und den Knoblauch darin 4–5 Minuten bei schwacher Hitze dünsten, bis die Zwiebeln weich sind. Die Paprika zugeben und weitere 3–4 Minuten garen, gelegentlich umrühren.

4 Den Reis hinzufügen und bei mittlerer Hitze unter dauerndem Rühren 3–4 Minuten weiterkochen, bis der Reis gleichmäßig mit Öl überzogen ist und die Graupen glasig sind.

5 1 Kelle voll Gemüsebrühe angießen, den Reis unter Rühren weiterkochen lassen, bis die Flüssigkeit aufgesaugt ist. Auf diese Weise weitere Brühe zugeben, wobei der Reis die zuvor hinzugefügte Flüssigkeit immer erst aufgenommen haben sollte.

6 Wenn der Reis bissfest ist, den Parmesan einrühren und das Risotto nach Geschmack würzen. Zugedeckt 3–4 Minuten ziehen lassen. Falls gewünscht, mit Parmesan bestreut servieren.

Zubereitungstipp
Wenn Sie der Brühe einige Safranfäden hinzufügen, erhält der Reis ein leuchtendes Gelb.

555 kcal/2312 kJ; 16,1 g Protein; 80,1 g Kohlenhydrate, davon 10 g Zucker; 18 g Fett, davon 8,4 g gesättigte Fette; 34 mg Cholesterin; 238 mg Calcium; 2,6 g Ballaststoffe; 241 mg Natrium

Pasta mit Buchweizen

Dieses Gericht erinnert an Kascha, einen sehr sättigenden Brei der osteuropäischen Küche. Buchweizen ist sehr nährstoffreich. Er enthält ein hohes Maß an Flavonoiden und Magnesium. Die Kombination mit Nudeln und Gemüse mildert die breiige Textur.

Für 4–6 Portionen

25 g getrocknete aromatische Pilze, z. B. Steinpilze
500 ml kochende Brühe oder Wasser
3 EL Pflanzenöl oder 3 EL Butter
3–4 Zwiebeln, in dünne Scheiben geschnitten
250 g Pilze, in Scheiben geschnitten
300 g Buchweizen, ganz oder grob, mittel
  beziehungswiese fein gemahlen
200 g Farfalle-Nudeln
Salz und gemahlener schwarzer Pfeffer

1 Die getrockneten Pilze in eine Schüssel geben, mit der Hälfte der Brühe/des Wassers übergießen und 20–30 Minuten quellen lassen. Dann die Pilze abseihen, das Wasser zurückbehalten.

2 Das Öl oder die Butter in einer Pfanne erhitzen und darin die Zwiebeln 5–10 Minuten dünsten, bis sie weich sind und Farbe zu nehmen beginnen. Auf einem Teller beiseitestellen. Die in Scheiben geschnittenen Pilze in die Pfanne geben und kurz anbraten. Dann die eingeweichten Pilze hinzufügen und 2–3 Minuten dünsten. Die Pilze wieder in die Pfanne schütten und diese vom Herd nehmen.

3 Den Buchweizen in einer schweren Pfanne bei großer Hitze 2–3 Minuten rösten, dabei immer wieder umrühren. Danach die Hitze reduzieren.

4 Die kochende Brühe oder kochendes Wasser sowie das zurückbehaltene Pilzwasser angießen und den Buchweizen zugedeckt 10 Minuten garen, bis er bissfest und das Wasser aufgenommen ist.

5 Zwischenzeitlich die Nudeln in Salzwasser nach Packungsanleitung beziehungsweise bissfest kochen und abseihen.

6 Den fertig gekochten Buchweizen mit Zwiebeln, Pilzen und Nudeln vermischen, nach Geschmack würzen und heiß servieren.

Superfood-Tipp
Buchweizen hilft, das Risiko für einen hohen Cholesterinspiegel und Bluthochdruck zu senken.

364 kcal/1529 kJ; 10,3 g Protein; 67 g Kohlenhydrate, davon 4 g Zucker; 7,3 g Fett, davon 3,6 g gesättigte Fette; 14 mg Cholesterin; 47 mg Calcium; 2,2 g Ballaststoffe; 48 mg Natrium

Zweifach gegarter Tempeh

Tempeh fördert dank seines Gehalts an Phytosterol und Omega-3-Fettsäuren die Herzgesundheit. Er ähnelt Tofu, hat aber einen pikant-nussigen Eigengeschmack sowie eine festere Textur. Hier wird er mit einer Reihe von anderem Superfood kombiniert.

Für 4 Portionen
3 EL Pflanzenöl
2 fein gehackte Zwiebeln
2 zerdrückte Knoblauchzehen
1 TL zerstoßene Fenchelsamen
½ TL Chiliflocken
1 TL zerstoßene Koriandersamen
1 TL zerstoßene Kreuzkümmelsamen
1 rote Paprika, entkernt und fein gehackt
450 g Tempeh
115 g geriebener Cheddarkäse

Für die Soße
2 EL Tamari-Sojasoße
Saft von ½ Zitrone
3 EL Melasse oder dunkler brauner Zucker
2 EL Apfelessig
1 EL scharfer Senf
2 EL Tomatenmark
150 ml Wasser
2–3 Spritzer Tabascosoße (optional)
2 EL gehackte Petersilie

3 Das restliche Öl in einer großen Pfanne erhitzen, darin die Tempeh-Scheiben 2–3 Minuten von jeder Seite anbraten und durchwärmen. Diese dann in eine flache, feuerfeste Servierschale geben.

4 Die fertige Soße über den Tempeh geben und gleichmäßig mit dem geriebenen Käse bestreuen. Im Backofen rund 10 Minuten überbacken, bis der Käse goldgelb gebräunt ist und Blasen wirft.

1 Den Backofen auf 200 °C vorheizen (Umluft 180 °C). 2 EL des Öls in einer großen Pfanne oder einem Wok erhitzen und die Zwiebeln, den Knoblauch sowie die Kräuter 6–7 Minuten sautieren, bis sie Farbe bekommen haben und weich sind. Die Paprika hinzufügen und weitere 1–2 Minuten garen.

2 Die Zutaten für die Soße bis auf die Petersilie miteinander verquirlen und zu der Zwiebel-Paprika-Mischung geben. 2–3 Minuten simmern lassen, dann die Petersilie hinzufügen.

467 kcal/1949 kJ; 6,6 g Protein; 34 g Kohlenhydrate, davon 24 g Zucker; 22 g Fett, davon 7 g gesättigte Fette; 28 mg Cholesterin; 437 mg Calcium; 7,5 g Ballaststoffe; 1016 mg Natrium

Penne mit Hühnchen, Brokkoli und Käse

Die Kombination von Brokkoli, Knoblauch und Gorgonzola schmeckt nach mehr. Die kurze Kochzeit des Brokkoli sorgt dafür, dass seine Nährstoffe erhalten bleiben – darunter Vitamin C, das dem Körper hilft, das im Fleisch und Käse enthaltene Eisen aufzunehmen.

Für 4 Portionen

115 g Brokkoli, in kleine Röschen geteilt
2 EL Olivenöl
2 Hühnerbrustfilets ohne Haut, in dünne Streifen geschnitten
2 zerdrückte Knoblauchzehen
400 g Penne, 120 ml trockener Weißwein
200 ml Panna da Cucina oder Kochsahne
90 g Gorgonzolakäse ohne Rinde und in kleine Würfel geschnitten
Salz und gemahlener schwarzer Pfeffer
frisch geriebener Parmesankäse zum Bestreuen

1 Den Brokkoli in einen Topf mit kochendem Salzwasser geben, aufkochen lassen und 2 Minuten garen.

2 Abseihen und unter fließendem kalten Wasser abschrecken. Das überschüssige Wasser gut abschütteln und den Brokkoli beiseitestellen.

3 Das Öl in einer großen Pfanne oder einem Topf erhitzen, die Filets und den Knoblauch zugeben, nach Geschmack würzen und gut umrühren. Bei mittlerer Hitze 3 Minuten anbraten, bis sich das Fleisch weiß färbt.

Variante

Sie können statt des Brokkoli auch Lauch verwenden, den Sie mit dem Hühnchen zusammen anbraten.

4 Die Nudeln nach Packungsanleitung zubereiten.

5 Den Wein und die Sahne zum Hähnchen in den Topf geben, das Ganze vermischen und bei mittlerer Hitze unter gelegentlichem Umrühren 5 Minuten simmern lassen, bis die Soße eingedickt ist.

6 Den Brokkoli hinzufügen, bei erhöhter Hitze unter Wenden durcherwärmen und mit dem Hähnchen vermischen. Nach Geschmack würzen

7 Die Nudeln abseihen und zur Soße geben. Den Gorgonzola hinzufügen und alles gut durchmischen. Mit Parmesan bestreut servieren.

951 kcal/3982 kJ; 47,8 g Protein; 80,2 g Kohlenhydrate, davon 8,6 g Zucker; 48,8 g Fett, davon 28,5 g gesättigte Fette; 165 mg Cholesterin; 324 mg Calcium; 10,2 g Ballaststoffe; 433 mg Natrium

Knoblauch-Linsen mit Karotten

Die klassische Verbindung von Linsen und Salbei harmoniert perfekt mit den Karotten, den Zwiebeln und dem Knoblauch – allesamt reich an Antioxidantien. Servieren Sie die Linsen mit einem Klecks Joghurt (mit Knoblauch, Salz und Pfeffer) sowie Zitronenspalten.

Für 4–6 Portionen

175 g grüne Linsen, gewaschen und verlesen
3–4 EL fruchtiges Olivenöl
1 Zwiebel, längs und quer halbiert sowie in
   Faserrichtung in Scheiben geschnitten
3–4 dicke Knoblauchzehen, grob zerhackt und mit
   der flachen Klinge eines Messers zerdrückt
1 TL Koriandersamen
1 Handvoll getrocknete Salbeiblätter
1–2 TL Zucker
4 in Scheiben geschnittene Karotten
1–2 EL Tomatenmark
1 Bund frischer Salbei oder glatte Petersilie zum
   Garnieren

1 Wasser in einem Topf zum Kochen bringen. Die Linsen zugeben und bei mittlerer Hitze mit halb aufgelegtem Deckel 10 Minuten simmern lassen. Abseihen und unter fließendem kalten Wasser spülen.

3 Die Linsen hinzufügen. Mit 250 ml Wasser aufgießen, sodass Linsen und Karotten bedeckt sind, das Tomatenmark untermischen. Mit aufgelegtem Deckel 20 Minuten sanft köcheln lassen, bis der Großteil des Wasser aufgesaugt ist. Die Linsen und Karotten sollten weich sein, aber noch Biss haben. Nach Geschmack mit Salz und Pfeffer würzen.

4 Mit dem Salbei oder der Petersilie garnieren und entweder heiß oder auf Raumtemperatur abgekühlt servieren.

2 Das Öl in einer Pfanne erhitzen. Zwiebel, Knoblauch, Koriander, Salbei sowie Zucker einrühren und Farbe nehmen lassen. Die Karotten zugeben und 2–3 Minuten dünsten.

Superfood-Tipp
Linsen sind eine gute Quelle für Eisen, Folsäure und Magnesium.

166 kcal/696 kJ; 7,6 g Protein; 21,1 g Kohlenhydrate, davon 6,7 g Zucker; 6,2 g Fett, davon 0,9 g gesättigte Fette; 0 mg Cholesterin; 38 mg Calcium; 4 g Ballaststoffe; 22 mg Natrium

Geröstete Samen und Gemüse

Die Vielzahl an Samen in diesem Gericht versorgt Ihren Körper mit allen essenziellen Fettsäuren, die er benötigt. Zudem macht das bunte Gemüse es zu einem echter Hingucker. Mögen Sie es gehaltvoller, servieren Sie es mit Buchweizennudeln.

Für 4 Portionen

2 EL Pflanzenöl, 2 EL zerstoßene Leinsamen
2 EL Sesamkörner, 2 EL Sonnenblumenkerne
2 EL Kürbiskerne
2 fein gehackte Knoblauchzehen
2,5 cm frischer Ingwer, geschält und fein gehackt
2 große Karotten, in Julienne geschnitten
2 große Zucchini, in Julienne geschnitten
90 g Austernpilze, in Stücke gerissen
150 g Brunnenkresse oder Spinatblätter, grob gehackt
1 Bund frische Minze oder Koriander, gehackt
4 EL Schwarze-Bohnen-Soße
2 EL leichte Sojasoße, 1 EL Reisessig

3 Die Brunnenkresse oder den Spinat zusammen-mit den Kräutern hinzufügen und mit dem Gemüse vermischen.

4 Dann die Schwarze-Bohnen-Soße, die Sojasoße und den Essig einrühren, 1–2 Minuten erhitzen, bis sich alles miteinander verbunden hat. Sofort servieren.

1 Das Öl in einem Wok erhitzen. Die Samen darin bei mittlerer Hitze 1 Minute rösten, dann Knoblauch und Ingwer zugeben. So lange anbraten, bis sich die Aromen freisetzen und der Knoblauch Farbe nimmt.

2 Die Karotten und Zucchini sowie die Pilze in den Wok geben und bei mittlerer Hitze weitere 5 Minuten dünsten, bis sämtliches Gemüse bissfest ist und beginnt, sich am Rand zu bräunen.

Superfood-Tipps

- Durch das Zerstoßen der Leinsamen werden die darin enthaltenen Omega-3-Fettsäuren freigesetzt.
- Austernpilze sind sehr empfindlich, weshalb man sie besser nicht mit dem Messer schneidet, sondern entlang den Lamellen auseinanderreißt.

205 kcal/849 kJ; 6,9 g Protein; 9,7 g Kohlenhydrate, davon 7,7 g Zucker; 15,6 g Fett, davon 2 g gesättigte Fette; 0 mg Cholesterin; 159 mg Calcium; 3,4 g Ballaststoffe; 294 mg Natrium

Gemüse-Thai-Curry mit Zitronengras-Reis

Dieses würzige Gericht steckt voller Gemüse, Gewürze und Kräuter, die antioxidativ wirksam sind. Obwohl die Zutatenliste lang ist, lässt es sich leicht zubereiten und ist den Aufwand in jedem Fall wert. Passen Sie das Gemüse dem jahreszeitlichen Angebot an.

Für 4 Portionen

2 TL Pflanzenöl
400 ml Kokosmilch
300 ml Gemüsebrühe
225 g neue Kartoffeln, halbiert, gegebenenfalls
   geviertelt
130 g Babymaiskolben
1 TL extrafeiner Zucker
185 g Brokkoliröschen
1 rote Paprika, entkernt und der Länge nach
   in Scheiben geschnitten
115 g Spinat, harte Stiele entfernt und
   zerkleinert
2 EL gehackter frischer Koriander
Salz und schwarzer Pfeffer

Für die Gewürzpaste

1 rote Chili, entkernt und gehackt
3 grüne Chilis, entkernt und gehackt
1 Zitronengrasstängel, äußere Blätter entfernt
   und fein gehackt
2 gehackte Frühlingszwiebeln
fein abgeriebene Schale von 1 Limette
2 gehackte Knoblauchzehen
1 TL gemahlener Koriander
½ TL gemahlener Kreuzkümmel (Cumin)
1 cm fein gehackter frischer Galgant oder
   ½ TL getrockneter (optional)
1 EL gehackte frische Korianderwurzeln
   und -stängel (optional)

Für den Reis

225 g Jasminreis
1 Zitronengrasstängel, äußere Blätter entfernt,
   in 3 Teile geschnitten
6 zerdrückte Kardamomkapseln

1 Für die Gewürzpaste, alle Zutaten in einem Mixer oder der Küchenmaschine zu einer groben Masse verarbeiten.

2 Das Öl in einer großen Pfanne erhitzen. Die Gewürzpaste darin unter ständigem Rühren 1–2 Minuten erhitzen. Kokosmilch und Brühe angießen und zum Kochen bringen.

3 Die Hitze reduzieren, Kartoffeln hinzufügen und 15 Minuten simmern lassen. Die Babymaiskolben zugeben, würzen und 2 Minuten weiterkochen. Dann Zucker, Brokkoli sowie Paprika unterrühren und weitere 2 Minuten garen, bis das Gemüse weich ist. Den Spinat und die Hälfte des Korianders einarbeiten und nochmals 2 Minuten kochen.

4 Zwischenzeitlich den gewaschenen Reis zusammen mit dem Zitronengras und Kardamom in einen Topf geben und mit 475 ml Wasser aufgießen.

5 Den Reis zum Kochen bringen, die Hitze reduzieren und zugedeckt 10–15 Minuten garen, bis das Wasser aufgesaugt und der Reis weich sowie leicht klebrig ist. Salzen.

6 Den Reis 10 Minuten ruhen lassen, dann mit einer Gabel auflockern.

7 Die Gewürze aus dem Reis entfernen und diesen mit dem Curry servieren – garniert mit dem restlichen Koriander.

279 kcal/1161 kJ; 9,8 g Protein; 17,4 g Kohlenhydrate, davon 13,3 g Zucker; 19,4 g Fett, davon 3,6 g gesättigte Fette; 5 mg Cholesterin; 99 mg Calcium; 3,3 g Ballaststoffe; 824 mg Natrium

Bohnen-Auberginen-Tagine

Dieses Gericht aus der marokkanischen Küche zeigt, dass es auch ohne Fleisch geht. Dabei werden die Zutaten langsam gegart, was eine reiche, üppige Soße hervorbringt. Dank der Bohnen enthält es ein hohes Maß an cholesterinsenkenden Ballaststoffen.

Für 4 Portionen

115 g getrocknete rote Kidneybohnen, über Nacht in kaltem Wasser eingeweicht und abgeseiht
115 g getrocknete Schwarzaugen- oder Canellinibohnen, über Nacht in kaltem Wasser eingeweicht und abgeseiht
600 ml Wasser
2 Lorbeerblätter
2 Selleriestangen, jede in 4 Stifte geschnitten
4 EL Olivenöl
1 Aubergine (ca. 350 g), in Stücke geschnitten
1 Zwiebel, in dünne Scheiben geschnitten
3 zerdrückte Knoblauchzehen
1–2 frische rote Chilis, entkernt und gehackt
2 EL Tomatenmark
1 TL Paprikapulver
2 grob gehackte Tomaten
300 ml Gemüsebrühe
je 1 EL gehackte frische Minze, Petersilie und Koriander
gemahlener schwarzer Pfeffer
frische Kräuterzweige zum Garnieren

1 Die Kidneybohnen in einem großen Topf mit ungesalzenem kochenden Wasser schütten. Erneut zum Kochen bringen und 10 Minuten garen, dann abseihen.

2 Die Schwarzaugen- oder Canellinibohnen in einen weiteren Topf mit ungesalzenem kochenden Wasser geben. 10 Minuten sprudelnd kochen lassen, dann abseihen.

3 Das Wasser in eine große Tagine oder Auflaufform füllen. Die Lorbeerblätter, den Sellerie und die Bohnen hineingeben und im Backofen bei 190 °C (Umluft 170 °C) 60–90 Minuten garen, bis die Bohnen weich sind. Danach abseihen.

4 3 EL des Öls in einem Topf oder einer gusseisernen Tagine-Schale erhitzen, die Auberginen darin unter Rühren 4–5 Minuten anbraten, bis sie gleichmäßig gebräunt sind. Vom Herd nehmen und beiseitestellen.

5 Das restliche Öl in den Topf oder die Tangine-Schale träufeln, die Zwiebeln hinzufügen und diese 4–5 Minuten dünsten, bis sie weich sind. Dann den Knoblauch sowie die Chilis zugeben und weitere 5 Minuten garen.

6 Den Backofen auf 160 °C (Umluft 140 °C) einstellen. Das Tomatenmark und die Paprika unter die Zwiebelmischung rühren und diese nochmals 1–2 Minuten köcheln lassen. Tomaten, Bohnen sowie Brühe zugeben und würzen.

7 Den zugehörigen Deckel auf die Tagine-Schale setzen oder – sofern ein Topf benutzt wurde – die Gemüsemischung in eine irdene Tagine beziehungsweise Auflaufform füllen. Im Backofen 1 Stunde backen.

8 Die Minze, die Petersilie und den Koriander unterheben und mit den Kräutern garniert servieren.

209 kcal/890 kJ; 16,6 g Protein; 33,9 g Kohlenhydrate, davon 9,4 g Zucker; 1,9 g Fett, davon 0,5 g gesättigte Fette; 1 mg Cholesterin; 173 mg Calcium; 12,3 g Ballaststoffe; 62 mg Natrium

Erbsen-Minz-Omelett

Erbsen und Minze sind eine bewährte Kombination und dieses leckere Omelett ist perfekt für den kleinen Hunger. Die Eier sorgen für den nötigen Gehalt, während die Erbsen die Vitamine beisteuern. Mit grünem Salat serviert ergibt sich ein frisches Mittagessen.

Für 2 Portionen
4 Eier, 50 g Erbsen (TK-Ware)
2 EL gehackte frische Minze, 1 kleines Stück Butter
Salz und gemahlener schwarzer Pfeffer

Varianten
- Probieren Sie einmal folgende Varianten aus: kleine Blumenkohl- (Frisch- oder TK-Ware) oder Brokkoliröschen, frische Erbsen, geschälte Favabohnen und Frühlingszwiebeln. Auch rote oder grüne Paprika eignen sich – in etwas Olivenöl gedünstet – sehr gut.
- Canellinibohnen oder Kichererbsen lassen sich gut zu Gemüse kombinieren und liefern Kohlenhydrate und Protein.
- Fügen Sie kleine Nudeln (gekocht) hinzu.

1 Die Eier aufschlagen und in einer Schüssel verquirlen. Kräftig mit Salz und Pfeffer würzen, beiseitestellen.

2 Die Erbsen in einem großen Topf mit kochendem Salzwasser 3–4 Minuten garen, bis sie bissfest sind. Gut abseihen und zu den Eiern in die Schüssel geben. Die frische Minze hinzufügen und alles gut mit einem Löffel verrühren

3 Die Butter in einer Pfanne erhitzen, bis sie schäumt. Die Eier-Erbsen-Mischung hineingießen und bei mittlerer Hitze 3–4 Minuten braten, bis sie fast gar ist.

4 Das Omelett unter dem Backofengrill fertig garen, sodass die Oberseite leicht gebräunt ist. Dann das Omelett einschlagen, auf einen vorgewärmten Teller geben, halbieren und sofort servieren.

205 kcal/851 kJ; 14,3 g Protein; 2,9 g Kohlenhydrate, davon 0,6 g Zucker; 15,6 g Fett, davon 5,8 g gesättigte Fette; 391 mg Cholesterin; 63 mg Calcium; 1,2 g Ballaststoffe; 171 mg Natrium

Gebackener Lachs mit Guavensoße

Das cremige Fruchtfleisch der Guave hat einen süßsauren Geschmack und passt damit perfekt zu Lachs. Halten Sie die Kochzeit der Soße gering, damit möglichst viel Vitamin C erhalten bleibt. Lassen Sie die Früchte einige Tage an einem warmen Ort nachreifen.

Für 4 Portionen
6 reife Guaven, 3 EL Pflanzenöl
1 kleine Zwiebel, fein gehackt
120 ml kräftig gewürzte Geflügelbrühe
2 TL scharfe Pfeffersoße
4 Lachssteaks
Salz und gemahlener schwarzer Pfeffer
rote Paprikastreifen zum Garnieren

Zubereitungstipp
Reife Guaven haben eine gelbe Schale und ein saftiges Fruchtfleisch, dessen Farbe von Weiß bis Dunkelrosa reicht. Reife Früchte halten sich im Kühlschrank einige Tage.

1 Die Guaven halbieren, das von Kernen durchsetzte Fruchtfleisch mit einem Löffel aus der Schale lösen und in ein Sieb geben. Das Fruchtfleisch passieren und das Mus beiseitestellen. Kerne und Schale entsorgen.

2 2 EL des Öls in einer Pfanne erhitzen. Die Zwiebeln darin bei mittlerer Hitze 4 Minuten glasig dünsten.

3 Das Guavenmus zusammen mit der Brühe sowie der Pfeffersoße einrühren und unter Rühren köcheln, bis die Soße eindickt.

4 Die Lachssteaks auf einer Seite mit etwas Öl bestreichen und mit Salz und Pfeffer würzen. Eine Grillpfanne erhitzen und die Steaks mit der eingeölten Seite nach unten hineingeben. 2–3 Minuten anbraten, bis die Unterseite goldbraun ist. Dann die Oberseite mit Öl bestreichen, den Fisch wenden und braten, bis er gar ist und auseinanderfällt.

5 Die Lachssteaks auf vorgewärmte Teller verteilen, einen Klecks Soße danebensetzen und mit den Paprikastreifen garniert servieren. Als Beilage eignet sich grüner Salat.

389 kcal/1621 kJ; 31,7 g Protein; 8,7 g Kohlenhydrate, davon 8,2 g Zucker; 25,5 g Fett, davon 3,8 g gesättigte Fette; 75 mg Cholesterin; 55 mg Calcium; 5,8 g Ballaststoffe; 76 mg Natrium

Sardinen-Frittata

Diese Frittata ist durch das Trennen der Eier sehr leicht und steckt voller Geschmack. Zudem ist sie dank der in den Sardinen enthaltenen Omega-3-Fettsäuren und des Cholins der Eier echte Gehirnnahrung. Fügen Sie nach Geschmack gehackte Paprika oder Tomaten hinzu.

Für 4 Portionen

4 Sardinen, gewaschen, filetiert und ohne
   Kopf (TK-Ware auftauen lassen)
Saft von 1 Zitrone, 3 EL Olivenöl
6 große Eier, 2 EL gehackte frische Petersilie
2 EL gehackter frischer Schnittlauch
1 gehackte Knoblauchzehe
Salz, gemahlener schwarzer Pfeffer und Paprikapulver

1 Das Fleisch der Sardinen mit Zitronensaft, etwas Salz und Paprikapulver würzen. 1 EL des Olivenöls in einer Pfanne erhitzen, die Fischfilets darin 1–2 Minuten von jeder Seite anbraten. Auf Küchenpapier abtropfen lassen, die Schwänze entfernen und beiseitestellen, bis sie benötigt werden.

2 Die Eier trennen. Das Eigelb mit der Petersilie, dem Schnittlauch sowie etwas Salz und Pfeffer in einer Schüssel verquirlen. Das Eiweiß mit einer Prise Salz steif schlagen. Den Backofengrill auf mittlere Hitze vorheizen.

3 Das restliche Öl in einer großen Pfanne erhitzen, den Knoblauch bei kleiner Hitze darin Farbe nehmen lassen. Das Eiweiß vorsichtig unter das Eigelb heben und die Hälfte der Mischung in die Pfanne geben.

4 Sanft köcheln lassen bis die Eimischung zu stocken beginnt. Dann die Sardinen darauflegen, leicht mit Paprika bestreuen und die restliche Eimischung darübergießen. Weiter köcheln, bis die Unterseite gebräunt ist und die Oberseite zu stocken beginnt.

5 Im Backofen grillen, bis die Oberseite der Frittata goldbraun ist. In Dreiecke schneiden und sofort servieren.

Zubereitungstipp
Es ist wichtig, dass der Griff der verwendeten Pfanne backofengeeignet ist. Verwenden Sie eine Pfanne mit Holzgriff, umwickeln Sie diesen mit Alufolie, um ihn zu schützen.

342 kcal/1422 kJ; 28,9 g Protein; 0,2 g Kohlenhydrate, davon 0,2 g Zucker; 25,3 g Fett, davon 6 g gesättigte Fette; 285 mg Cholesterin; 137 mg Calcium; 0,4 g Ballaststoffe; 220 mg Natrium

Gebratene Jakobsmuscheln

Zarte Jakobsmuscheln in einer köstlichen Marinade aus frischem Chili, duftender Minze und aromatischem Basilikum. Am besten braten Sie die Muscheln in einem heißen Wok an. Das kurze Garen des Pak Choi sorgt dafür, dass seine Nährstoffe erhalten bleiben.

Für 4 Portionen
20–24 Jakobsmuscheln, gewaschen
4 EL Olivenöl
fein abgeriebene Schale und Saft von 1 Zitrone
2 EL fein gehackte frische Minze und Basilikum, gemischt
1 frische rote Chili, entkernt und fein gehackt
Salz und gemahlener schwarzer Pfeffer
500 g Pak Choi

1 Die Muscheln auf dem Boden einer flachen, nicht metallischen Schale verteilen. Die Hälfte des Öls mit Zitronenschale und -saft, den Kräutern sowie der Chili vermischen und über die Muscheln geben. Mit Salz und Pfeffer würzen, zugedeckt beiseitestellen.

2 Den Pak Choi mit einem scharfen Messer jeweils der Länge nach vierteln.

3 Den Wok stark erhitzen. Wenn er heiß ist, die Muscheln hineingeben, dabei die Marinade zurückbehalten.

4 Die Muscheln 1 Minute von jeder Seite anbraten (nach Wunsch auch länger), anschließend die Marinade darübergießen.

5 Die Marinade einen Moment kochen lassen, dann den Wok vom Herd nehmen. Die Muscheln samt der Marinade auf einen Teller geben und diesen warm stellen. Den Wok mit Küchenpapier auswischen.

6 Den Wok wieder auf den Herd stellen und stark erhitzen. Wenn die Restflüssigkeit verdampft ist, das restliche Öl darin erhitzen und den Pak Choi 2–3 Minuten anbraten, bis dessen Blätter zusammenfallen.

7 Das Gemüse auf 4 Teller verteilen, die Muscheln darauf anrichten und die Marinade darübergießen. Sofort zu Tisch geben.

410 kcal/1714 kJ; 44,5 g Protein; 8,3 g Kohlenhydrate, davon 2,1 g Zucker; 22,3 g Fett, davon 3,5 g gesättigte Fette; 82 mg Cholesterin; 286 mg Calcium; 3,2 g Ballaststoffe; 494 mg Natrium

Forelle mit Mandeln

Die Kombination von Forelle und Mandeln hat eine lange Tradition, wobei der Reiz dieses leckeren Gerichts in seiner Schlichtheit liegt. Dabei sind sowohl die Forelle als auch die Mandeln extrem gut für die Herzgesundheit.

Für 4 Portionen
4 küchenfertige Forellen
3–4 EL Mehl
6 EL Butter
1 EL Olivenöl
50 g gehobelte Mandeln
Saft von ½ Zitrone
Zitronenspalten zum Auspressen
Salz und gemahlener schwarzer Pfeffer

3 Die restlichen Forellen zubereiten, dann die Pfanne mit Küchenpapier auswischen. Die übrige Butter erhitzen. Wenn diese schäumt, die Mandeln zugeben und unter häufigem Rühren goldbraun rösten. Vom Herd nehmen und mit dem Zitronensaft vermischen.

4 Die Mandeln samt der Flüssigkeit über die Forellen geben und diese mit den Zitronenspalten zum Auspressen sofort servieren.

1 Den Fisch waschen, mit Küchenpapier trockentupfen und in dem gewürzten Mehl wenden. Überschüssiges Mehl abschütteln.

2 Die Hälfte der Butter sowie das Öl in einer Pfanne erhitzen. Wenn das Fett zu schäumen beginnt, 1–2 Forellen in die Pfanne geben und von jeder Seite 3–5 Minuten braten, bis sie goldbraun und durcherhitzt sind. Herausheben, auf Küchenpapier abtropfen lassen und beiseitestellen.

Variante
Sie können die Forellen auch grillen. Dazu auf den Mehlüberzug verzichten. Stattdessen die Hälfte der Butter schmelzen und die Fische damit von beiden Seiten bestreichen. Dann die Forellen bei mittlerer Hitze auf jeder Seite 5–7 Minuten grillen, bis sie goldbraun und durcherhitzt sind. Die Mandeln wie in Schritt 4 zubereiten.

Zubereitungstipp
Achten Sie beim Kauf der Fische darauf, dass sie in Ihre Pfanne passen.

475 kcal/1978 kJ; 39,2 g Protein; 7,6 g Kohlenhydrate, davon 0,8 g Zucker; 32,2 g Fett, davon 12,4 g gesättigte Fette; 187 mg Cholesterin; 101 mg Calcium; 1,2 g Ballaststoffe; 249 mg Natrium

Salade niçoise mit Nudeln und Thunfisch

Die Textur von gegrilltem Thunfisch ähnelt der von Fleisch. Er ist damit eine gute Möglichkeit, den Anteil an Omega-3-Fettsäuren in Ihrer Ernährung zu erhöhen – wie dieses klassische Gericht beweist. Die Nudeln sorgen dabei für eine höhere Sättigung.

Für 4 Portionen
2 frische Thunfischsteaks (jedes ca. 225 g schwer)
175 g junge grüne Bohnen, geputzt
3 Eier
350 g chinesische Eiernudeln
225 g halbierte Baby-Eiertomaten
50 g Sardellenfilets aus der Dose, abgetropft
   und längs halbiert (optional)
50 g kleine schwarze Oliven
1 Handvoll frische Basilikumblätter, zerrissen
Salz und gemahlener schwarzer Pfeffer

Für die Marinade
2 EL Zitronensaft, 5 EL Olivenöl
2 zerdrückte Knoblauchzehen

Für das Dressing
6 EL natives Olivenöl extra
2 EL Weinessig oder Zitronensaft
2 zerdrückte Knoblauchzehen
½ TL Dijonsenf
2 EL Kapern
3 EL gehackte Kräuter, z.B. Estragon, Schnittlauch, Basilikum und Kerbel

1 Für die Marinade Zitronensaft, Olivenöl und Knoblauch in einer Glas- oder Porzellanschüssel vermengen, mit Salz und Pfeffer würzen. Den Thunfisch in der Marinade wenden und zugedeckt an einem kühlen Ort 1 Stunde marinieren lassen.

2 Die Zutaten für das Dressing miteinander verquirlen, in einen kleinen Topf geben und durchziehen lassen. In der Zwischenzeit die grünen Bohnen in kochendem Salzwasser 4 Minuten blanchieren. Abseihen und unter kaltem Wasser abschrecken.

3 Die Eier in einen Topf mit kaltem Wasser legen und dieses zum Kochen bringen. Die Eier 10 Minuten kochen, dann sofort abgießen und mit kaltem Wasser bedecken. Die abgekühlten Eier schälen und vierteln.

4 Die Nudeln und die Bohnen in eine Schüssel geben und mit kochendem Wasser bedecken. 5 Minuten ziehen lassen, dann die Nudeln mit einer Gabel auflockern. Das Dressing erhitzen und warm halten. Nudeln und Bohnen abseihen und im Dressing wenden.

5 Eine Grill- oder schwere Bratpfanne stark erhitzen. Die Fischsteaks waschen, trockentupfen und von jeder Seite 1–2 Minuten anbraten. Aus der Pfanne herausheben und sofort in dünne Scheiben schneiden. Dann den Thunfisch mit den Tomaten, den Sardellen sowie den schwarzen Oliven zur Nudel-Bohnen-Mischung geben. Den Salat gut durchmischen und auf vorgewärmte Schalen verteilen. Mit den Eiern und dem Basilikum garniert servieren. Würzen und noch warm verzehren.

899 kcal/3761 kJ; 48 g Protein; 67 g Kohlenhydrate, davon 5 g Zucker; 50 g Fett, davon 10 g gesättigte Fette; 239 mg Cholesterin; 154 mg Calcium; 4,6 g Ballaststoffe; 1099 mg Natrium

Bohnen-Chili mit Maisbrot-Topping

Die Kombination von Bohnen und Getreide in Form von eigelbfreiem Maisbrot bietet Ihnen das volle Spektrum an Proteinen in einem einzigen Gericht. Mit dem zusätzlichen Gemüse haben Sie Ihre 5 empfohlenen Obst- und Gemüseportionen schon fast erreicht.

Für 4 Portionen

115 g getrocknete rote Kidneybohnen
115 g getrocknete Schwarzaugenbohnen
1 Lorbeerblatt, 1 EL Pflanzenöl
1 große Zwiebel, fein gehackt
1 zerdrückte Knoblauchzehe
1 TL gemahlener Kreuzkümmel, 1 TL Chilipulver
1 TL mildes Paprikapulver, ½ TL getrockneter Majoran
450 g gemischtes Gemüse, z. B. Kartoffeln,
    Karotten, Auberginen, Pastinaken und Sellerie
1 Würfel Gemüsebrühe
400 g Tomatenstücke (Dosenware)
1 EL Tomatenmark
Salz und gemahlener schwarzer Pfeffer

Für das Maisbrot-Topping

250 g feines Maismehl, 2 EL Vollkornmehl
1,5 TL Backpulver
1 Ei sowie 1 Eigelb, leicht verquirlt, 300 ml Milch

1 Die getrockneten Bohnen in einer Schüssel mit kaltem Wasser mindestens 6 Stunden oder über Nacht einweichen.

2 Die Bohnen abseihen, gut spülen und zusammen mit 600 ml kaltem Wasser und dem Lorbeerblatt in eine Pfanne geben. Zum Kochen bringen und 10 Minuten sprudelnd kochen lassen. Die Herdplatte ausschalten und die Bohnen etwas abkühlen lassen. Diese in einen Schongarer füllen und den Schongarer auf eine hohe Stufe stellen.

3 Das Öl in einer Pfanne erhitzen, die Zwiebel darin 7–8 Minuten dünsten. Knoblauch, Kreuzkümmel, Chili- und Paprikapulver sowie Majoran zugeben und 1 Minute anbraten. Dann die Mischung unter die Bohnen rühren.

4 Das Gemüse je nach Bedarf putzen und schälen. Anschließend in 2 cm große Stücke schneiden.

5 Die Gemüsestücke ebenfalls zu den Bohnen geben, wobei Gemüse, das sich verfärben kann, untergerührt werden sollte (Kartoffeln und Pastinaken zum Beispiel). Das restliche Gemüse muss nicht unbedingt von den Bohnen bedeckt sein. Den Deckel auflegen und 3 Stunden garen, bis die Bohnen weich sind.

6 Den Brühwürfel und die Tomatenstücke zugeben, dann das Tomatenmark einrühren und mit Salz und Pfeffer abschmecken. Den Deckel wieder auflegen und weitere 30 Minuten garen, bis die Gemüsemischung kurz vor dem Kochen ist.

7 Für das Topping Maismehl, Vollkornmehl, Backpulver mit einer Prise Salz in einer Schüssel mischen. Eine Mulde in die Mitte drücken und das Ei, das Eigelb und die Milch hineingeben. Alles gut vermischen.

8 Das Maisbrot-Topping auf die Gemüsemischung setzen und 1 Stunde kochen, bis es fest und gar ist.

613 kcal/2595 kJ; 29,6 g Protein; 97,4 g Kohlenhydrate, davon 15,8 g Zucker; 14,5 g Fett, davon 3,4 g gesättigte Fette; 112 mg Cholesterin; 257 mg Calcium; 13,4 g Ballaststoffe; 413 mg Natrium

Rinderschmorbraten mit Baby-Zwiebeln

Schon der Duft, der die Küche bei der Zubereitung dieses Gerichts erfüllt, wird das Wasser im Mund zusammenlaufen lassen. Die langsame Zubereitung sorgt zudem für mageres, zartes Fleisch und eine vollmundige Soße.

Für 4 Portionen

5 EL Olivenöl
1 kg Rindfleisch, in grobe Würfel geschnitten
3 gehackte Knoblauchzehen
1 TL gemahlener Kreuzkümmel, 5 cm Zimtstange
175 ml Rotwein, 2 EL Rotweinessig
1 kleiner frischer Rosmarinzweig
2 zerkrümelte Lorbeerblätter
2 EL Tomatenmark, aufgelöst in 1 l heißem Wasser
675 kleine eingelegte Zwiebeln, geschält
1 EL Demerara-Zucker
Salz und gemahlener schwarzer Pfeffer

1 Das Olivenöl in einer großen Pfanne erhitzen, das Rindfleisch darin – gegebenenfalls portionsweise – goldbraun braten.

2 Knoblauch sowie Kreuzkümmel einrühren, die Zimtstange hinzufügen und einige Sekunden braten. Dann Wein und Essig nach und nach über das Fleisch gießen. 3–4 Minuten sprudelnd kochen und verdunsten lassen.

3 Den Rosmarinzweig, die Lorbeerblätter sowie das aufgelöste Tomatenmark zugeben. Alles gut durchmischen, nach Geschmack würzen und zugedeckt 90 Minuten sanft simmern lassen, bis das Fleisch weich und saftig ist.

4 Die Zwiebeln über der Fleischmischung verteilen und an der Pfanne rütteln, damit sie sich gleichmäßig verteilen.

5 Den Demerara-Zucker über die Zwiebeln streuen und zugedeckt 30 Minuten sanft köcheln, bis die Zwiebeln weich sind, aber noch nicht zerfallen. Gegebenenfalls etwas heißes Wasser zufügen.

6 Nach Zugabe der Zwiebeln nicht mehr umrühren, stattdessen sanft an der Pfanne rütteln, um sie mit der Soße zu bedecken. Sofort servieren.

Zubereitungstipp

Dieses Gericht können Sie auch im Backofen zubereiten. Geben Sie das angebratene Fleisch zusammen mit den restlichen Zutaten – mit Ausnahme der Zwiebeln und des Zuckers – in einen feuerfesten Schmortopf/Bräter und lassen Sie es im vorgeheizten Ofen bei 160 °C (Umluft 140 °C) 2 Stunden schmoren, bis das Fleisch zart und weich ist. Dann die Zwiebeln wie in Schritt 4 und 5 beschrieben hinzufügen und nochmals 1 Stunde schmoren.

672 kcal/2798 kJ; 59,2 g Protein; 18,4 g Kohlenhydrate, davon 14,5 g Zucker; 37,4 g Fett, davon 11,5 g gesättigte Fette; 145 mg Cholesterin; 62 mg Calcium; 2,6 g Ballaststoffe; 186 mg Natrium

Geräucherter Rotbarsch mit Senfkraut

Dieses einfach und schnell zuzubereitende Fischgericht ist ein echter Genuss. Die schonende Zubereitung sorgt dafür, dass die im Kohl so zahlreich enthaltenen Vitamine und Nährstoffe erhalten bleiben, und erhöht zudem die Bekömmlichkeit.

Für 4 Portionen

1 Wirsingkopf oder Spitzkohl
675 g geräuchertes Rotbarschfilet, ungefärbt
300 ml Milch
½ Zwiebel, in Ringe geschnitten
2 Lorbeerblätter
½ Zitrone, in Scheiben geschnitten
4 weiße Pfefferkörner
4 reife Tomaten
50 g Butter
2 EL körniger Senf
Saft von 1 Zitrone
Salz und gemahlener schwarzer Pfeffer
2 EL gehackte frische Petersilie zum Garnieren

1 Den Kohlkopf halbieren, den Strunk sowie die dicken Blattrippen entfernen. Dann den Wirsing klein schneiden und in kochendem Salzwasser 10 Minuten kochen oder dampfgaren, bis er weich ist. Im Topf/Dampfgarer beiseitestellen, bis er benötigt wird.

2 Zwischenzeitlich den Fisch zusammen mit der Milch, den Zwiebeln und den Lorbeerblättern in eine flache Pfanne geben. Die Zitronenscheiben und die Pfefferkörner hinzufügen, zum Simmern bringen und zugedeckt pochieren, bis der Fisch beginnt auseinanderzufallen. Je nach Dicke der Filets dauert das 8–10 Minuten. Die Pfanne vom Herd nehmen, den Backofengrill vorheizen.

3 Die Tomaten horizontal halbieren, mit Salz und Pfeffer würzen, dann grillen, bis sie leicht gebräunt sind. Den Kohl abseihen, mit kaltem Wasser spülen und nochmals abseihen.

4 Die Butter in einem flachen Topf schmelzen, den Kohl hinzufügen und 2 Minuten durcherhitzen. Den Senf unterrühren und nach Geschmack würzen. Dann den Kohl auf vorgewärmte Teller verteilen.

5 Den Fisch abtropfen lassen, häuten und in 4 Stücke zerteilen. Diese jeweils auf den Kohl setzen, mit Zwiebelringen sowie Tomatenhälften garnieren und mit Zitronensaft beträufeln. Mit Petersilie bestreut servieren.

319 kcal/1340 kJ; 36,1 g Protein; 14,2 g Kohlenhydrate, davon 13,7 g Zucker; 13,1 g Fett, davon 7,3 g gesättigte Fette; 90 mg Cholesterin; 146 mg Calcium; 4,2 g Ballaststoffe; 1512 mg Natrium

Fischpastete mit Süßkartoffel-Topping

Die Kombination von Süßkartoffeln mit normalen Kartoffeln ist eine wunderbare Möglichkeit, ein weiteres Gemüse in ein Rezept zu integrieren, wobei dieses Gericht vor allem durch seine vielen gegensätzlichen Aromen besticht.

Für 4 Portionen

175 g eingeweichter Basmatireis
450 ml kräftig gewürzte Brühe
175 g Favabohnen
675 g Rotbarsch- oder Kabeljaufilet, gehäutet
ca. 450 ml Milch

Für die Soße

3 EL Butter
2–3 EL Mehl
1 EL gehackte frische Petersilie
Salz und gemahlener schwarzer Pfeffer

Für das Topping

450 g Süßkartoffeln, geschält und in grobe
   Stücke geschnitten
450 g mehligkochende, weißfleischige Kartoffeln,
   geschält und in grobe Stücke geschnitten
Milch und Butter zum Zerstampfen
2 TL gehackte frische Petersilie
1 TL gehackter frischer Dill

1 Den Backofen auf 190 °C vorheizen (Umluft 170 °C). Den Reis abseihen und in einen Topf füllen. Die Brühe sowie gegebenenfalls etwas Salz und Pfeffer zugeben und zum Kochen bringen. Die Hitze reduzieren und den Reis bei aufgelegtem Deckel 10 Minuten simmern lassen, bis die Brühe aufgesaugt ist.

2 Die Bohnen in etwas Salzwasser garen, bis sie weich sind, und gut abseihen. Wenn diese kühl genug sind, um angefasst zu werden, die Schale entfernen.

3 Für das Topping die Kartoffeln jeweils separat in Salzwasser kochen, bis sie weich sind. Dann abgießen und getrennt voneinander mit etwas Milch und Butter zerstampfen und in Schüsseln füllen. Den Dill und die Petersilie unter die Süßkartoffeln rühren.

4 Den Fisch in eine große Pfanne geben und mit Milch bedecken (ca. 350 ml). 1 EL Butter daraufsetzen und mit Salz und Pfeffer würzen. Dann bei sanfter Hitze 5–6 Minuten simmern lassen, bis der Fisch weich ist.

5 Den Fisch aus der Pfanne heben und in grobe Stücke zerteilen. Die Kochflüssigkeit mit der restlichen Milch vermischen, sodass sich etwa 450 ml ergeben.

6 Für die Soße die Butter in einem Stieltopf schmelzen, das Mehl einrühren und 1 Minute anschwitzen. Unter Rühren nach und nach die Milchmischung einlaufen lassen, bis eine dünne weiße Soße entsteht. Die Petersilie hinzufügen und nach Geschmack würzen.

7 Den Reis auf dem Boden einer großen ovalen Auflaufform verteilen. Die Bohnen und den Fisch darübergeben und mit der Soße übergießen. Schließlich den Kartoffelbrei darauf verteilen, einige Butterflocken daraufsetzen und im Backofen 15 Minuten backen, bis der Kartoffelbelag leicht gebräunt ist.

604 kcal/2545 kJ; 41,6 g Protein; 88 g Kohlenhydrate, davon 8,6 g Zucker; 10,7 g Fett, davon 5,7 g gesättigte Fette; 99 mg Cholesterin; 94 mg Calcium; 6,9 g Ballaststoffe; 223 mg Natrium

Hühnchen mit Kichererbsen und Mandeln

Sowohl das Hühnerfleisch als auch die Kichererbsen in diesem aus der marokkanischen Küche entlehnten Gericht sind hervorragende Quellen für kalorienarmes Protein. Als Beilage eignen sich Gemüse-Couscous oder warmes Vollkorn-Pitabrot.

Für 4 Portionen
75 g blanchierte Mandeln
75 g Kichererbsen, über Nacht in Wasser
  eingeweicht und abgeseiht
4 Hühnerbrüste ohne Haut
2 EL Olivenöl
½ TL Safranfäden
2 spanische Zwiebeln, in Scheiben geschnitten
900 ml Geflügelbrühe
1 kleine Zimtstange
4 EL gehackte frische glatte Petersilie sowie
  zusätzliche Petersilie zum Garnieren
Zitronensaft nach Geschmack
Salz und frisch gemahlener schwarzer Pfeffer

1 Die blanchierten Mandeln und die Kichererbsen in einen großen Topf mit Wasser geben. Zum Kochen bringen und 10 Minuten garen. Dann die Hitze reduzieren und 60–90 Minuten simmern lassen, bis die Kichererbsen weich sind. Abseihen und beiseitestellen.

2 Die Hühnerbrüste zusammen mit dem Olivenöl, der Hälfte des Safrans sowie Salz und reichlich Pfeffer in den Topf geben. Unter ständigem Rühren sanft erhitzen, bis das Fleisch durcherwärmt ist.

3 Die Zwiebeln sowie die Brühe hinzufügen und zum Kochen bringen. Die Mandeln, die Kichererbsen und die Zimtstange zugeben. Bei geringer Hitze zugedeckt 45–60 Minuten kochen, bis das Hühnerfleisch komplett gar ist.

4 Die Hühnerbrüste herausheben, auf Teller verteilen und warm stellen. Die Soße zum Kochen bringen und bei großer Hitze unter häufigem Rühren reduzieren.

5 Die Petersilie und den übrigen Safran einrühren und die Soße weitere 2–3 Minuten kochen. Mit Zitronensaft abschmecken, über die Hühnerbrüste gießen und mit frischer Petersilie garniert servieren.

Zubereitungstipp

Um Zeit zu sparen, können Sie auch Kichererbsen aus der Dose verwenden. Diese müssen weder eingeweicht noch gegart werden. Einfach 10 Minuten mit den Mandeln kochen und zu Schritt 2 übergehen.

431 kcal/1803 kJ; 44,4 g Protein; 11 g Kohlenhydrate, davon 1,6 g Zucker; 23,6 g Fett, davon 7,9 g gesättigte Fette; 132 mg Cholesterin; 110 mg Calcium; 4 g Ballaststoffe; 180 mg Natrium

Lachs-Reis-Gratin

Dieses leckere Lachsgericht eignet sich hervorragend, um eine größere Anzahl von Personen zu bewirten. Der Wildlachs versorgt Sie dabei nicht nur mit den hochwertigsten Omega-3-Fetten, sondern auch mit den schmackhaftesten.

Für 6 Portionen
675 g frischer Wildlachs, filetiert und gehäutet
1 Lorbeerblatt, einige Stängel Petersilie
1 l Wasser
400 g Basmatireis, eingeweicht und abgeseiht
2–3 EL gehackte frische Petersilie sowie Petersilie
   zum Garnieren
175 g geriebener Cheddarkäse
3 hart gekochte Eier, klein geschnitten
Meersalz und gemahlener schwarzer Pfeffer

Für die Soße
1 l Milch
40 g Mehl
40 g Butter
1 TL milde Currypaste

1 Den Lachs in einen großen, flachen Topf legen. Das Lorbeerblatt sowie die Petersilienstängel zugeben, mit Salz und reichlich Pfeffer würzen. Mit Wasser aufgießen und zum Köcheln bringen. Den Fisch 12 Minuten pochieren, bis er weich ist.

2 Die Lachsfilets mit einem Schaumlöffel herausheben, den Sud in einen großen Topf füllen. Den Fisch etwas abkühlen lassen, alle sichtbaren Gräten entfernen und mit einer Gabel in mundgroße Stücke zerteilen.

3 Den Reis zum Fischsud geben und zum Kochen bringen. Dann die Hitze reduzieren und den Reis zugedeckt 10 Minuten sanft simmern lassen. Dabei den Deckel nicht anheben oder abnehmen.

4 Den Topf vom Herd nehmen und bei geschlossenem Deckel 5 Minuten ungestört ziehen lassen.

5 In der Zwischenzeit die Soße zubereiten: Dazu Milch, Mehl und Butter in einem Topf vermischen und bei niedriger Hitze zum Kochen bringen. Dabei ständig mit dem Rührbesen schlagen, bis sich eine glatte, dickliche Soße ergibt. Die Currypaste einrühren und mit Salz und Pfeffer abschmecken. Anschließend noch 2 Minuten simmern lassen.

6 Den Backofengrill vorheizen. Die Soße von der heißen Kochplatte nehmen, die Petersilie zusammen mit dem Reis und der Hälfte des Käses einrühren. Dann den Fisch und die Eier unterheben. Das Ganze in eine flache Auflaufform füllen und mit dem übrigen Käse bestreuen. Im Backofen grillen, bis der Käse goldbraun ist. Mit der gehackten Petersilie garniert servieren.

752 kcal/3137 kJ; 44,8 g Protein; 66,5 g Kohlenhydrate, davon 8,2 g Zucker; 33,5 g Fett, davon 14,5 g gesättigte Fette; 204 mg Cholesterin; 492 mg Calcium; 0,6 g Ballaststoffe; 411 mg Natrium

Truthahn-Brokkoli-Lasagne

Dank des proteinreichen sowie fettarmen Truthahnfleisches ist diese Lasgne deutlich gesünder als die klassische Hackfleischvariante, wozu auch der Brokkoli beiträgt. Dank des intensiven Geschmacks des Parmesans ist zudem nur wenig Käse nötig.

Für 4 Portionen
2 EL leichtes Olivenöl
1 gehackte Zwiebel
2 gehackte Knoblauchzehen
450 g fein gewürfeltes Truthahnfleisch
225 g Mascarpone
2 EL gehackter frischer Estragon
300 g Brokkoliröschen
115 g grüne Lasagneplatten, nicht vorgekocht
Salz und gemahlener schwarzer Pfeffer

Für die Soße
50 g Butter
2 EL Mehl
600 ml Milch
75 g frisch geriebener Parmesankäse

3 Für die Soße die Butter in einem Topf schmelzen, das Mehl zugeben und unter Rühren 1 Minuten darin anschwitzen. Vom Herd nehmen und nach und nach die Milch einrühren. Den Topf wieder auf die Herdplatte stellen und die Soße unter ständigem Rühren sanft zum Kochen bringen. 1 Minute simmern lassen, dann 50 g Parmesan zugeben und mit reichlich Salz und Pfeffer würzen.

1 Den Backofen auf 180 °C vorheizen (Umluft 160 °C). Das Öl in einer großen Pfanne erhitzen, die Zwiebeln sowie den Knoblauch darin anschwitzen. Die Pfanne vom Herd nehmen und das Truthahnfleisch, den Mascarpone und den Estragon einrühren. Nach Geschmack würzen.

2 Den Brokkoli in einem großen Topf mit kochendem Salzwasser 1 Minute blanchieren, abseihen und unter fließendem kalten Wasser gut abschrecken. Abtropfen lassen und beiseitestellen.

4 Die Truthahnmischung auf dem Boden einer großen Auflaufform verteilen. Darauf eine Lage Brokkoli geben, mit Lasagneplatten bedecken und diese mit der Soße bestreichen. Die Schichtung wiederholen und mit der Soße abschließen. Mit dem übrigen Parmesan bestreuen und 35–40 Minuten backen.

Zubereitungstipp
Dieses Gericht ist eine köstliche Möglichkeit der Resteverwertung, z. B. vom Weihnachtsbraten. Sie können auch zur Hälfte Truthahnfleisch und zur Hälfte Schinken verwenden.

732 kcal/3072 kJ; 61,6 g Protein; 43 g Kohlenhydrate, davon 13,1 g Zucker; 36,2 g Fett, davon 19,4 g gesättigte Fette; 138 mg Cholesterin; 539 mg Calcium; 3,6 g Ballaststoffe; 475 mg Natrium

Chili con Carne

Die Verwendung von magerem Rindfleisch sorgt für einen niedrigen Gehalt an gesättigten Fettsäuren. Mit den Bohnen lässt sich das teure Fleisch „strecken", während sie gleichzeitig den Nährstoffgehalt erhöhen. Servieren Sie dazu Reis oder Tortillas.

Für 8 Portionen

1,2 kg mageres Rindfleisch
2 EL Sonnenblumen- oder Leinsamenöl
1 große Zwiebel, gehackt
2 fein gehackte Knoblauchzehen
1 EL Mehl
300 ml Rotwein
300 ml Rinderbrühe
2 EL Tomatenmark
frische Korianderblätter zum Garnieren
Salz und gemahlener schwarzer Pfeffer

Für die Bohnen

2 EL Olivenöl
1 gehackte Zwiebel
1 rote Chili, entkernt und gehackt
2 x 400 g rote Kidneybohnen (Dosenware), abgegossen und gespült
400 g Tomatenstücke (Dosenware)

Für das Topping

6 Tomaten, geschält und gehackt
1 grüne Chili, entkernt und gehackt
2 EL Schnittlauch, in Ringe geschnitten
2 EL gehackter frischer Koriander
150 ml Sauerrahm

2 Die Zwiebel mit einem Schaumlöffel herausheben und stattdessen eine Portion Fleisch bei starker Hitze von allen Seiten anbraten. Herausheben, beiseitestellen und eine weitere Portion anbraten.

3 Nachdem die letzte Portion angebraten ist, das beiseitegestellte Fleisch zusammen mit den Zwiebeln zurück in den Topf geben. Wein, Brühe sowie Tomatenmark einrühren und zum Kochen bringen. Dann die Hitze reduzieren und 45 Minuten simmern lassen, bis das Fleisch weich und zart ist.

4 In der Zwischenzeit das Olivenöl in einer Pfanne erhitzen und die Zwiebel sowie die Chili darin dünsten. Die Bohnen und die Tomatenstücke zugeben und 20–25 Minuten sanft simmern lassen.

1 Das Fleisch in feine Streifen und dann in kleine Würfel schneiden. Das Öl in einem großen Topf erhitzen, die Zwiebel und den Knoblauch darin anschwitzen, aber keine Farbe nehmen lassen. Das Mehl würzen und auf einen Teller geben, das Fleisch portionsweise darin wenden.

5 Für das Topping Tomaten, Chili, Schnittlauch und Koriander miteinander vermischen. Das Fleisch auf vorgewärmte Teller verteilen, eine Schicht Bohnen darübergeben und das Tomaten-Topping darauf anrichten. Mit einem Löffel Sauerrahm sowie Koriander garnieren.

469 kcal/1963 kJ; 42 g Protein; 28,3 g Kohlenhydrate, davon 11,2 g Zucker; 18,8 g Fett, davon 6,8 g gesättigte Fette; 106 mg Cholesterin; 127 mg Calcium; 8,1 g Ballaststoffe; 523 mg Natrium

Rinderstew mit Austern

Auf den ersten Blick mag dieses Gericht nicht sehr gesund erscheinen, doch Austern sind reich an Omega-3-Fettsäuren, während das Fleisch von grasgefütterten Rindern konjugierte Linolsäure enthält – was beides Ihre Herzgesundheit schützt.

Für 4 Portionen

1 kg Rumpsteak
6 dünne Scheiben gut durchwachsener
  Schinkenspeck
12 Austern
50 g Mehl
1 großzügige Prise Cayennepfeffer
Olivenöl zum Einfetten
3 fein gehackte Frühlingszwiebeln
300 ml Rinderbrühe
Salz und frisch gemahlener schwarzer Pfeffer

1 Den Backofen auf 180 °C vorheizen (Umluft 160 °C). Da für dieses Gericht dünne Fleischstreifen benötigt werden, die Steaks jeweils einzeln zwischen zwei Lagen Frischhaltefolie legen und mit einem Plattierer oder Nudelholz flach klopfen. Dann das Fleisch in 24 Streifen schneiden, die jeweils breit genug sind, um darin eine Auster einzuwickeln.

2 Die Speckstreifen auf einem Schneidbrett ausbreiten, ein Ende mit dem Daumen festhalten und mithilfe der flachen Seite eines scharfen Messer in die Länge ziehen. Dann die Streifen in 4 Stücke schneiden.

3 Die Muscheln aus der Schale lösen. Dabei die Flüssigkeit im Inneren der Schale auffangen und beiseitestellen.

4 Die Austern längs halbieren und komplett mit Speck umwickeln, wobei dieser möglichst auch die Seiten bedecken sollte, sodass die Austern nicht mehr sichtbar sind. Die Speckrollen dann jeweils mit einem Stück Rindfleisch umwickeln.

5 Das Mehl mit Cayennepfeffer, Salz sowie schwarzem Pfeffer würzen und das Fleisch darin wenden.

6 Einen Bräter leicht mit Olivenöl einfetten und die Frühlingszwiebeln darin verteilen. Das Fleisch zugeben, dabei zwischen den einzelnen Rollen genügend Platz lassen.

7 Die Rinderbrühe nach und nach angießen und zum Kochen bringen. Dann den Stew zugedeckt 90–120 Minuten im Backofen garen, wobei das Mehl vom Fleisch für eine üppige, schwere Soße sorgen wird.

528 kcal/2208 kJ; 61,4 g Protein; 12,7 g Kohlenhydrate, davon 2,5 g Zucker; 24,4 g Fett, davon 10,1 g gesättigte Fette; 182 mg Cholesterin; 52 mg Calcium; 0,6 g Ballaststoffe; 634 mg Natrium

Lammschmorbraten mit Karotten

Die süßlichen Karotten in diesem Gericht harmonieren wunderbar mit dem Lamm. Auch deren Carotinoid ist trotz der langen Kochzeit noch enthalten. Die Gerstengraupen sorgen sowohl für Textur als auch für eine reichhaltige, dicke Soße.

Für 6 Portionen
675 g Lammfleisch ohne Knochen
1 EL Pflanzenöl
2 Zwiebeln
675 g Karotten, in dicke Scheiben geschnitten
2 Selleriestangen, in Scheiben geschnitten
3 EL Gerstengraupen, gespült
600 ml Lamm- oder Gemüsebrühe
1 TL frische Thymianblätter oder 1 Prise gemischte Kräuter (getrocknet)
Salz und gemahlener schwarzer Pfeffer
Federkohl und gebackene Kartoffeln als Beilage

4 Leicht mit Salz und Pfeffer würzen sowie mit den Trockenkräutern bestreuen. Die Brühe angießen, bis das Fleisch komplett bedeckt ist.

5 Den Deckel auflegen und das Fleisch rund 2 Stunden im Backofen garen, bis Fleisch, Gemüse und Getreide weich sind.

6 Gegebenenfalls noch einmal nachwürzen, mit Kraut und gebackenen Kartoffeln servieren.

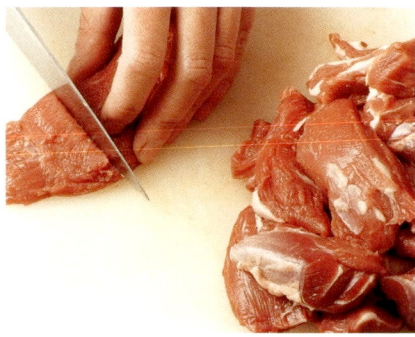

1 Den Backofen auf 160 °C vorheizen (Umluft 140 °C). Das Fleisch in 3 cm große Stücke schneiden und diese in einer Pfanne mit dem erhitzten Öl anbraten. Herausheben und beiseitestellen.

2 Die Zwiebeln in Scheiben schneiden und in der Pfanne 5 Minuten anschwitzen. Karotten sowie Sellerie hinzufügen und 3–4 Minuten dünsten. Alles in einen Bräter füllen.

3 Die Graupen über das Gemüse streuen und darauf die Fleischstücke setzen.

310 kcal/1295 kJ; 24,2 g Protein; 20,6 g Kohlenhydrate, davon 12,2 g Zucker; 15,1 g Fett, davon 6,2 g gesättigte Fette; 86 mg Cholesterin; 64 mg Calcium; 3,9 g Ballaststoffe; 139 mg Natrium

Pikante mexikanische Tacos

In diesem Rezept wurde das Rindfleisch durch texturiertes Soja ersetzt, das fettarm sowie reich an Protein und Isoflavonen ist. Letztere helfen, den Cholesterinspiegel zu regulieren. Aber auch andere Superfoods wie Chilis, Tomaten und Paprika sind enthalten.

Für 8 Portionen
1 TL Hefeextrakt
200 ml heißes Wasser
1 TL Sojasoße
85 g geschmacksneutrales texturiertes Soja (TVP)
1 gehackte Zwiebel
1 rote Paprika, fein gehackt
1 zerdrückte Knoblauchzehe
2 TL Chilipulver
400 g Tomatenstücke (Dosenware)
8 harte Tacoshells
zerkleinerter Salat, gehackte frische Tomaten
und geriebener Käse zum Garnieren

3 Die Sojamischung sowie die Tomatenstücke einrühren und das Ganze ca. 15 Minuten simmern lassen.

4 Den Salat, die Tomaten und den geriebenen Käse bereitstellen.

1 Den Hefeextrakt im heißen Wasser auflösen und mit der Sojasoße vermischen. Das texturierte Soja darin einweichen.

5 Wenn die Tomaten-Soja-Mischung fertig ist, einige Löffel davon in jede Tacoshell füllen. Zusammen mit dem Salat, den Tomaten und dem Käse servieren.

2 Die Zwiebel, die Paprika und den Knoblauch in einer antihaftbeschichteten Pfanne dünsten, bis sie weich sind, dann das Chilipulver zugeben.

108 kcal/376 kJ; 4 g Protein; 13 g Kohlenhydrate, davon 4 g Zucker; 1 g Fett, davon 1 g gesättigte Fette; 0 mg Cholesterin; 15 mg Calcium; 1,6 g Ballaststoffe; 113 mg Natrium

Gebratene Kalbsleber mit Röstzwiebeln

Kalbsleber zergeht geradezu auf der Zunge und ihr Eisengehalt ist unübertroffen. Servieren Sie dazu einen Salat mit vitamin-C-haltigen Tomaten, damit Ihr Körper das Eisen auch aufnehmen kann. Die Leber jedoch nicht zu lange braten, da sie sonst hart wird.

Für 4 Portionen

2 EL Olivenöl
4 Zwiebeln, in feine Ringe geschnitten
1 TL extrafeiner Zucker
4 Scheiben Kalbsleber (jeweils ca. 115 g)
2 EL Mehl
2 EL Olivenöl
Salz und gemahlener schwarzer Pfeffer
Petersilie zum Garnieren
sautierte Kartoffeln als Beilage

1 Das Öl in einer großen Pfanne mit gut schließendem Deckel erhitzen. Die Zwiebeln darin wenden und zugedeckt 10 Minuten sanft dünsten, dabei gelegentlich umrühren.

2 Den Zucker einrühren und die Zwiebeln bei aufgelegtem Deckel weitere 10 Minuten garen, bis sie weich sind.

3 Dann die Hitzezufuhr erhöhen, den Deckel abnehmen und die Zwiebeln bei starker Hitze rösten, bis

sie goldbraun und knusprig sind. Mit einer Schaumkelle herausheben, das Fett abtropfen lassen.

4 In der Zwischenzeit die Kalbsleber waschen und mit Küchenpapier trockentupfen. Das Mehl würzen, auf einen Teller geben und die Leber darin wenden, bis sie leicht mit Mehl bedeckt sind.

5 Das Öl in einer großen Pfanne erhitzen, die Leber darin 2 Minuten von jeder Seite braten, bis diese leicht gebräunt ist. Die Leber zusammen mit den Röstzwiebeln auf vorgewärmten Tellern anrichten und mit sautierten Kartoffeln oder Kartoffelpüree servieren.

315 kcal/1310 kJ; 22,7 g Protein; 11,8 g Kohlenhydrate, davon 4,4 g Zucker; 19,9 g Fett, davon 8,5 g gesättigte Fette; 452 mg Cholesterin; 39 mg Calcium; 1,3 g Ballaststoffe; 160 mg Natrium

Marokkanisches Lamm mit Honig

Dieses Gericht ist süß, verfügt dank der Pflaumen und des Honigs aber über einen guten glykämischen Index. Auch sorgt das langsame Schmoren dafür, dass überschüssiges Fett aus dem Fleisch austritt. Als Beilage eignet sich ein Linsensalat.

Für 6 Portionen

130 g entkernte Pflaumen, 350 ml heißer Tee
1 kg Lammfleisch (z. B. Brust oder Schulter), in grobe Stücke geschnitten
1 gehackte Zwiebel
5–6 EL gehackte frische Petersilie
½ TL gemahlener Ingwer
½ TL Currypulver oder Ras el-Hanout
1 Prise frisch geriebene Muskat
2 TL gemahlener Zimt, ¼ TL Safranfäden
2 EL heißes Wasser, 5–9 EL Honig (nach Geschmack)
250 ml Rinder- oder Lammbrühe
115 g blanchierte Mandeln, geröstet
2 EL gehackte frische Korianderblätter
3 hart gekochte Eier, in Spalten geschnitten
Salz und gemahlener schwarzer Pfeffer

1 Den Backofen auf 180 °C vorheizen (Umluft 160 °C). Die Pflaumen in eine Schüssel geben, mit dem Tee übergießen und zugedeckt ziehen lassen.

2 In der Zwischenzeit das Lammfleisch zusammen mit der Zwiebel, der Petersilie, dem Ingwer, dem Currypulver/ Ras el-Hanout sowie Salz und Pfeffer in einen Bräter geben. Zugedeckt 2 Stunden garen.

3 Das überschüssige Fett abschöpfen. Die Pflaumen abgießen, die Flüssigkeit auffangen und zum Fleisch geben. Den mit heißem Wasser vermischten Safran sowie den Honig und die Brühe ebenfalls zugeben. Weitere 30 Minuten garen, das Lamm gelegentlich wenden.

4 Die Pflaumen vorsichtig untermischen und mit den Eierspalten, den gerösteten Mandeln, etwas Currypulver beziehungsweise Ras el-Hanout sowie gehacktem Koriander garniert servieren.

490 kcal/2051 kJ; 43,6 g Protein; 23,8 g Kohlenhydrate, davon 23,4 g Zucker; 25,2 g Fett, davon 10,3 g gesättigte Fette; 279 mg Cholesterin; 41 mg Calcium; 1,4 g Ballaststoffe; 197 mg Natrium

NACHSPEISEN, KUCHEN & DRINKS

Sich bewusst und gesund zu ernähren bedeutet nicht,
Süßes komplett vom Speiseplan zu streichen.
Es gibt eine Vielzahl von Desserts und Kuchen, die Sie
mit einer zusätzlichen Portion Obst und damit
Vitaminen versorgen. Und Obst ist immer gut –
ob frisch, gefroren, getrocknet oder aus der Dose.
Schwelgen Sie also in Obstsalaten, Fruchtpuddings,
gefrorenen Joghurts, Sorbets und Granitas.

Ingwer-Kiwi-Sorbet

Frisch geriebener Ingwer verleiht Eiscremes und Sorbets eine besondere Note. In diesem Rezept wurde er mit Kiwis zu einem den Magen beruhigenden, vitamin-C-reichen Sorbet kombiniert – ein leichter, erfrischender Abschluss für ein üppiges Mahl.

Für 6 Portionen
55 g frischer Ingwer, 115 g extrafeiner Zucker
300 ml Wasser, 5 Kiwis
Minzzweige oder Kiwistücke zum Garnieren

1 Den Ingwer schälen und fein raspeln. Den Zucker und das Wasser in einem Topf sanft erhitzen bis sich der Zucker komplett aufgelöst hat. Dann Ingwer zugeben und 1 Minute kochen. Den Sirup abkühlen lassen, abseihen und beiseitestellen, bis er völlig abgekühlt ist.

2 Die Kiwis schälen und zu einer glatten Masse pürieren. Das Püree zum Sirup schütten und gut vermischen.

3 Ohne Eismaschine: Die Masse in einen gefriergeeigneten Behälter füllen und 3–4 Stunden gefrieren lassen. Während dieser Zeit zweimal kräftig durchrühren. Im Gefrierschrank belassen, bis das Sorbet durchgefroren ist.
Mit Eismaschine: Die Masse rühren, bis sie eindickt. Dann in einem gefriergeeigneten Behälter gefrieren lassen, bis die gewünschte Konsistenz erreicht ist.

4 Das Sorbet auf Gläser verteilen und mit Minzzweigen oder Kiwistückchen garniert servieren.

Zubereitungstipp
Ingwer lässt sich auch im Gefrierschrank aufbewahren. So können Sie bei Bedarf einfach ein Stück abschneiden. Auch lässt er sich tiefgefroren leichter reiben.

100 kcal/426 kJ; 0,7 g Protein; 25,3 g Kohlenhydrate, davon 25,2 g Zucker; 0,3 g Fett, davon 0 g gesättigte Fette; 0 mg Cholesterin; 23 mg Calcium; 1 g Ballaststoffe; 3 mg Natrium

Erdbeerschnee

Dieses Erdbeerdessert ist ein Genuss für Gaumen sowie Nase, sollte aber bald nach der Zubereitung verzehrt werden. Sie können die Erdbeeren auch durch Ihre bevorzugten Superfruits wie beispielsweise Blau- oder Himbeeren ersetzen.

Für 4 Portionen
120 ml Wasser, 150 ml Gelatinepulver
300 g leicht zerdrückte Erdbeeren
250 ml Sahne, 4 Eiweiß
90 g extrafeiner Zucker
halbierte Erdbeeren zum Garnieren

1 Das Wasser in eine Schüssel schütten und die Gelatine einrühren. Dann die Schüssel im Wasserbad bei niedriger Hitze erwärmen, bis sich die Gelatine aufgelöst hat. Die Schüssel herausnehmen und leicht abkühlen lassen.

2 Die Hälfte der zerdrückten Erdbeeren in einem Topf zum Kochen bringen. Vom Herd nehmen und die Gelatine einrühren. Im Kühlschrank 2 Stunden ruhen lassen, bis die Erdbeermasse eine sirupartige Konsistenz angenommen hat.

3 Die Sahne in einer Schüssel steif schlagen. Das Eiweiß zu Schnee schlagen, dabei nach und nach den Zucker einrieseln lassen. Den Eischnee unter die Erdbeermasse heben, dann die übrigen Erdbeeren und die geschlagene Sahne unterheben.

4 Die Erdbeercreme auf Gläser verteilen, mit Erdbeerhälften garnieren und sofort servieren oder bis zum Verzehr kalt stellen.

Zubereitungstipp
Erdbeerschnee lässt sich gut einfrieren und kann als Erdbeerparfait serviert werden. Alles, was Sie tun müssen, ist, den Erdbeerschnee in eine Kastenform zu füllen, diese mit Frischhaltefolie abzudecken und einige Stunde in den Gefrierschrank zu stellen, bis der Schnee gefroren ist.

443 kcal/1841 kJ; 7,8 g Protein; 29,1 g Kohlenhydrate, davon 29,1 g Zucker; 33,7 g Fett, davon 20,9 g gesättigte Fette; 86 mg Cholesterin; 56 mg Calcium; 0,8 g Ballaststoffe; 81 mg Natrium

Rhabarbercreme

Ein einfaches und schnell zubereitetes Dessert, in dem der Rhabarber jedoch besonders gut zur Geltung kommt. Soll es etwas leichter sein, können Sie statt der Sahne auch einen fettarmen Biojoghurt sowie eine fettreduzierte Vanillesoße verwenden.

Für 4 Portionen
450 g geputzter Rhabarber
75 g leichter Rohzucker
geschlagene Sahne sowie Vanillesoße
Heidehonig zum Beträufeln

3 Jeweils zu gleichen Teilen Fruchtpüree, Sahne und Vanillesoße verwenden: Das Rhabarberpüree mit der Vanillesoße vermischen, dann die Sahne unterheben. Bis zum Verzehr kalt stellen, mit Heidehonig servieren.

1 Den Rhabarber in Stücke schneiden, sorgfältig waschen und noch nass bei niedriger Hitze zusammen mit dem Zucker ca. 10 Minuten einkochen. Beiseitestellen und abkühlen lassen.

2 Anschließend die Rhabarbermasse durch ein feines Sieb passieren.

Variante
Sie können statt dem Rhabarber auch andere Früchte verwenden, z.B. Brombeeren, Äpfel, Pflaumen oder Pfirsiche. Wenn es etwas exotischer sein darf, versuchen Sie es doch einmal mit Mangos.

Zubereitungstipp
Bereiten Sie gleich eine größere Menge Fruchtpüree zu und frieren Sie diese ein. Dann geht es beim nächsten Mal schneller.

439 kcal/1828 kJ; 4,6 g Protein; 34,1 g Kohlenhydrate, davon 31,8 g Zucker; 31,7 g Fett, davon 18,9 g gesättigte Fette; 80 mg Cholesterin; 233 mg Calcium; 1,6 g Ballaststoffe; 74 mg Natrium

Himbeerquark mit Amaretti-Splittern

Diese Nachspeise sieht umwerfend aus, ist aber ganz leicht zuzubereiten. Die Himbeeren werden bei diesem Rezept nicht gekocht, sodass ihr Vitamin C erhalten bleibt. Die natürliche Süße – Honig und Fruchtzucker – sorgt für einen niedrigen glykämischen Index.

Für 4–6 Portionen
250 g Himbeeren (Frisch- oder TK-Ware)
500 g Speisequark oder cremiger Naturjoghurt
  (probiotisch)
2 EL klarer Honig
fein abgeriebene Schale von 1 kleinen Zitrone
75 g zerkrümelte Amaretti
kandierte Rosenblütenblätter zum Garnieren
  (optional)

1 Tiefgefrorene Himbeeren antauen lassen, frische Beeren kurz im Tiefkühlschrank frosten.

Variante
Probieren Sie statt der Himbeeren frische Erdbeeren oder eine Mischung Ihrer Lieblingsbeeren aus.

Zubereitungstipp
Die Himbeeren vorsichtig und erst unmittelbar vor dem Verarbeiten waschen, da sie sonst matschig werden.

2 Den Quark oder Joghurt in eine große Schüssel füllen und mit dem Honig sowie der Zitronenschale vermischen. Die Himbeeren zugeben und vorsichtig unterheben. 1 Stunde kalt stellen.

3 Kurz vor dem Servieren die Amaretti einrühren. Falls gewünscht, mit kandierten Rosenblütenblättern garnieren.

183 kcal/771 kJ; 5,7 g Protein; 27,2 g Kohlenhydrate, davon 21,3 g Zucker; 6,4 g Fett, davon 3,7 g gesättigte Fette; 17 mg Cholesterin; 99 mg Calcium; 1,2 g Ballaststoffe; 72 mg Natrium

Geeister Sommerbeeren-Joghurt

Dieses Dessert ist eine gesunde und leckere Alternative zu Eiscreme. Dabei ist jede Kombination von Sommerbeeren denkbar. Deren Antioxidantien schützen Ihre Körperzellen, während das Vitamin C bei der Aufnahme des im Joghurt enthaltenen Calciums hilft.

Für 6 Portionen

350 g Sommerbeeren (TK-Ware) sowie ganze
  Früchte zum Garnieren (Frisch- oder TK-Ware)
200 g fettarmer Naturjoghurt, 25 g Puderzucker

1 Alle Zutaten in eine Küchenmaschine geben und gut miteinander vermischen, wobei eine grobe Textur erhalten bleiben soll. Anschließend die Mischung in Auflaufförmchen (150 ml) füllen.

2 Jedes Förmchen mit Frischhaltefolie abdecken und 2 Stunden in den Gefrierschrank stellen, bis die Masse fest ist.

3 Um den gefrorenen Joghurt aus der Form zu bekommen, diese kurz in heißes Wasser tauchen, wobei kein Wasser in die Form laufen sollte. Den Inhalt auf einen kleinen Teller stürzen, einige Male auf den Boden der Form klopfen und diese vorsichtig abheben

4 Den geeisten Joghurt mit gefrosteten oder frischen Beeren – z. B. Blaubeeren, Brombeeren oder Himbeeren – garnieren und sofort servieren.

Zubereitungstipp

Verwenden Sie statt des fettarmen Joghurts einen griechischen Naturjoghurt, wird das Dessert cremiger. Der Nährstoffgehalt ändert sich dadurch kaum, nur der Fettanteil steigt.

51 kcal/215 kJ; 2,2 g Protein; 10,4 g Kohlenhydrate, davon 10,4 g Zucker; 0,4 g Fett, davon 0,2 g gesättigte Fette; 0 mg Cholesterin; 75 mg Calcium; 0,7 g Ballaststoffe; 32 mg Natrium

Pfirsich-Kardamom-Joghurteis

Fettarme Desserts, die natürlichen Fruchtzucker statt raffinierten weißen Zucker enthalten, sind perfekt für Diabetiker. Die im Kardamom enthaltenen flüchtigen Öle erfrischen den Atem und machen diese Nachspeise zu einem erquickenden und reinigenden Genuss.

Für 4 Portionen

8 Kardamomkapseln
6 Pfirsiche (insg. ca. 500 g), halbiert und entsteint
2 EL Wasser, 200 ml Naturjoghurt (probiotisch)

Zubereitungstipp

Verwenden Sie Naturjoghurt mit Acidophilus-Kulturen, da er einen sehr milden Geschmack aufweist. Bei normalem oder griechischem Joghurt besteht die Gefahr, dass er den feinen Pfirsichgeschmack überlagert.

1 Die Kardamomkapseln auf ein Schneidbrett legen und mit dem Boden eines Auflaufförmchens oder in einem Mörser zerstoßen.

2 Die Pfirsiche klein schneiden und zusammen mit dem zerstoßenen Kardamom und dem Wasser in einen Topf geben. Zugedeckt 10 Minuten simmern lassen, bis die Früchte weich sind. Den Topf vom Herd nehmen und abkühlen lassen.

3 Die Pfirsichmischung in eine Küchenmaschine oder einen Mixer geben und zu einer glatten Masse verarbeiten. Diese durch ein Sieb in eine Schüssel passieren.

4 Den Joghurt mit dem Fruchtpüree vermischen. Dann die Masse in einem gefriergeeigneten Gefäß 6 Stunden tiefkühlen. Dabei ein- oder zweimal mit einem Rührbesen verquirlen. Zum Servieren das fertige Eis auf Dessertgläser verteilen.

69 kcal/296 kJ; 3,8 g Protein; 13,3 g Kohlenhydrate, davon 13,3 g Zucker; 0,6 g Fett, davon 0,3 g gesättigte Fette; 1 mg Cholesterin; 104 mg Calcium; 1,9 g Ballaststoffe; 43 mg Natrium

Käsekuchen mit Granatapfelguss

Dieser Käsekuchen hat eine leichtere Textur als die meisten anderen. Auch schmeckt man unterschwellig den Apfelsaft und die Kokosnusscreme. Der Granatapfelguss sieht nicht nur spektakulär aus, sondern hat zudem herzschützende Eigenschaften.

Für 8 Portionen
250 g Haferkekse
75 g geschmolzene Butter

Für die Füllung
3 EL Orangensaft
1 EL Gelatinepulver
250 g Mascarpone
200 g Frischkäse
75 g gesiebter Puderzucker
200 ml Kokosnusscreme
2 Eiweiß

Für den Guss
2 Granatäpfel, die Kerne herausgelöst
abgeriebene Schale und Saft von 1 Orange
2 EL extrafeiner Zucker
1 EL Pfeilwurzmehl, mit 2 EL Kirschwasser
  zu einer Paste vermischt
einige Tropfen rote Lebensmittelfarbe (optional)

1 Eine Springform (Ø 23 cm) fetten. Die Haferkekse mithilfe der Küchenmaschine oder eines Nudelholzes fein zerbröseln, mit der geschmolzenen Butter vermischen und auf dem Boden der Springform verteilen. Fest andrücken und kalt stellen.

2 Für die Füllung den Orangensaft in eine hitzebeständige Schüssel gießen, mit der Gelatine bestreuen und diese 5 Minuten einweichen. Dann die Schüssel im Wasserbad sanft erwärmen, dabei rühren, bis die Gelatine sich aufgelöst hat.

3 Mascarpone, Schmelzkäse und Puderzucker in einer Schüssel verrühren, nach und nach die Kokosnusscreme einarbeiten. Das Eiweiß nicht ganz steif schlagen. Die geschmolzene Gelatine schnell unter die Kokosnussmischung rühren, dann den Eischnee unterheben. Die Füllung auf dem Keksboden verteilen, glatt streichen und kalt stellen.

4 Für den Guss die Granatapfelkerne zusammen mit Orangenschale und -saft sowie dem Puderzucker in einen Topf geben und zum Kochen bringen. Dann die Hitze reduzieren und zugedeckt 5 Minuten simmern lassen. Die Pfeilwurzpaste hinzufügen und unter ständigem Rühren erhitzen, bis die Masse eindickt. Gegebenenfalls die Lebensmittelfarbe unterrühren. Abkühlen lassen, dabei gelegentlich umrühren.

5 Den Guss auf dem Käsekuchen verteilen und kühl stellen. Zum Servieren den Rand der Springform vorsichtig mit einem Messer lösen und diesen abheben.

Zubereitungstipp
Um die Kerne herauszulösen, die Granatäpfel halbieren. Die Hälften in eine Schüssel mit Wasser geben, unter Wasser in Viertel brechen und die Kerne mit den Fingern lösen. Diese sinken dann zu Boden.

407 kcal/1702 kJ; 8,2 g Protein; 37,3 g Kohlenhydrate, davon 26,1 g Zucker; 26,1 g Fett, davon 15,2 g gesättigte Fette; 56 mg Cholesterin; 57 mg Calcium; 1,1 g Ballaststoffe; 336 mg Natrium

Dattel-Tofu-Eis

Diese milchfreie Eiscreme ist arm an gesättigten Fettsäuren und reich an pflanzlichem Protein, wodurch sie zur echten „Herzmedizin" wird. Obwohl kein Zucker zugesetzt wird, ergeben sich dank der Datteln und des Zimts keinerlei Geschmackseinbußen.

Für 4 Portionen

600 ml Apfelsaft, 250 g entsteinte Datteln
1 TL gemahlener Zimt
285 g gekühlter Tofu, abgegossen und in Würfel geschnitten
150 ml ungesüßte Sojamilch

1 Den Apfelsaft in einen Topf gießen, die Datteln 2 Stunden darin einweichen. 10 Minuten simmern, dann abkühlen lassen. Ein Viertel der Datteln mit einem Schaumlöffel herausheben, grob zerkleinern und beiseitestellen.

2 Die restlichen Datteln mit einer Küchenmaschine oder einem Mixer pürieren. Mit dem Zimt und etwas Apfelsaft zu einer glatten Masse verarbeiten.

3 Die Tofuwürfel portionsweise zugeben, danach die Masse jedes Mal pürieren. Zum Schluss den übrigen Apfelsaft und die Sojamilch zugeben und alles gut vermischen.

Superfood-Tipp
Denken Sie daran, Trockenobst enthält viel Fruchtzucker und kann den Blutzuckerspiegel sprunghaft ansteigen lassen. Diesem Tofu-Dattel-Eis wird kein Zucker zugesetzt und es kann auch mit frischen Früchten zubereitet beziehungsweise garniert werden. Probieren Sie es einfach einmal aus und verleihen Sie dem Dessert mit frischen Erdbeeren, Himbeeren oder Kirschen mehr Substanz und mehr Ballaststoffe.

4 Die Fruchtmasse in eine Eismaschine füllen und rühren, bis sie beginnt fest zu werden. Dann in ein gefriergeeignetes Gefäß geben.

5 Den Großteil der Dattelstücke unterrühren und 2–3 Stunden tiefkühlen, bis das Eis die gewünschte Konsistenz hat.

6 Das fertige Eis auf Gläser verteilen und mit den restlichen Dattelstücken garniert servieren.

Variante
Für dieses Eisrezept eignen sich auch andere weiche Trockenfrüchte, z.B. Feigen, Aprikosen oder eine Mischung aus Ihren Lieblingssorten.

290 kcal/1232 kJ; 9,1 g Protein; 58,2 g Kohlenhydrate, davon 57,9 g Zucker; 3,9 g Fett, davon 0,5 g gesättigte Fette; 0 mg Cholesterin; 407 mg Calcium; 2,5 g Ballaststoffe; 24 mg Natrium

Wassermelonen-Granita

In den rosafarbenen Eisflocken vermischt sich die erfrischende Säure der Limetten mit dem feinen Geschmack der Wassermelone, was diese Nachspeise zu einem Fest für die Sinne macht. Das in der Wassermelone enthaltene Lycopin wehrt zudem freie Radikale ab.

Für 6 Portionen
150 g extrafeiner Zucker, 150 ml Wasser
1 Wassermelone (ca. 1,75 kg)
fein abgeriebene Schale und Saft von 2 Limetten
  sowie Limettenspalten zum Garnieren

4 Das Gefäß abdecken und 2 Stunden in den Gefrierschrank stellen, bis die Masse an den Rändern leicht gefrostet ist. Das Eis mit einer Gabel zerstoßen und erneut einfrieren.

1 Den Zucker und das Wasser in einem Topf zum Kochen bringen, umrühren, bis der Zucker sich aufgelöst hat. In eine Schüssel füllen, abkühlen lassen und einfrieren. Die Melone vierteln.

5 Die Fruchtmasse weitere 2 Stunden tiefkühlen, dabei das entstehende Eis alle 30 Minuten zerstoßen. Die Granita in Gläser füllen und mit Limettenspalten garniert servieren.

2 Möglichst viele Kerne entfernen, das Fruchtfleisch in eine Küchenmaschine geben und zu einer glatten Masse verarbeiten. Wird ein Mixer verwendet, das Fruchtfleisch portionsweise pürieren.

3 Die Fruchtmasse durch ein Sieb in ein großes Plastikgefäß passieren. Sirup, Zitronenschale sowie -saft zugeben und alles gut vermischen.

Variante
Für eine cocktailartige Anmutung tauchen Sie den Rand der Glasschalen zunächst in Wasser oder Eiweiß und anschließend in Zucker. Dann die Granita einfüllen, mit etwas Tequila oder weißem Rum übergießen und mit Limettenspalten garnieren.

153 kcal/653 kJ; 1 g Protein; 38 g Kohlenhydrate, davon 38 g Zucker; 1 g Fett, davon 0 g gesättigte Fette; 0 mg Cholesterin; 20 mg Calcium; 0,3 g Ballaststoffe; 5 mg Natrium

Schwarze-Johannisbeer-Tarte

Schwarze Johannisbeeren werden in Europa und Nordamerika kultiviert, man findet sie aber auch wild. Mit dieser Tarte kommen die vitamin-C-reichen Sommerbeeren besonders gut zur Geltung. Garnieren Sie sie mit einem großzügigen Klecks Crème légère.

Für 4 Portionen
115 g Mehl sowie 55 g für die Fruchtmischung
55 g Butter, in grobe Stücke geschnitten
2 EL kaltes Wasser
500 g schwarze Johannisbeeren
115 g Zucker
2 EL Zitronensaft

1 Den Backofen auf 200 °C vorheizen (Umluft 180 °C). Eine Tarteform (Ø 18 cm) leicht fetten.

2 Die Butter mit dem Mehl in einer großen Rührschüssel vermischen, bis eine krümelige Masse entsteht. Das Wasser zugeben und die Masse zu einem glatten Teig verkneten. Diesen für einige Stunden in den Kühlschrank legen.

3 In einer zweiten Schüssel die Früchte, den Zucker, den Zitronensaft und das Mehl miteinander vermengen.

4 Den Teig passend ausrollen und die Tarteform damit auskleiden.

5 Die Fruchtmischung auf den Teig geben und gleichmäßig verteilen.

6 Im Backofen auf der mittleren Schiene ca. 25 Minuten backen.

7 Dann die Tarte aus dem Ofen nehmen und abkühlen lassen, mit Eiscreme oder Crème légère servieren.

> **Variante**
> Holunderbeeren sind reich an Anthocyanen und damit eine gute Superfruit-Alternative zu schwarzen Johannisbeeren, jedoch nicht ganz so häufig zu finden. Wenn Sie die Möglichkeit haben, selbst zu ernten, frieren Sie die Beeren portionsweise ein, sodass Sie sie das ganz Jahr über genießen können.

395 kcal/1669 kJ; 5 g Protein; 71 g Kohlenhydrate, davon 39 g Zucker; 12 g Fett, davon 7 g gesättigte Fette; 29 mg Cholesterin; 140 mg Calcium; 5,8 g Ballaststoffe; 90 mg Natrium

Mangostapel mit Himbeercoulis

Die Mangos und Himbeeren machen dieses atemberaubende Dessert zu einer wahren Antioxidantien-Bombe. Zudem enthält der Blätterteig vergleichsweise wenig Fett und auch auf Zucker wird verzichtet, wobei manche das Fruchtpüree mit einer Prise davon süßen.

Für 4 Portionen

3 Blätterteigblätter (TK-Ware aufgetaut)
50 g geschmolzene Butter
2 kleine reife Mangos
115 g Himbeeren (TK-Ware aufgetaut)

1 Den Backofen auf 200 °C vorheizen (Umluft 180 °C). Die Blätterteigblätter auf eine saubere Arbeitsfläche legen und aus jedem 4 Kreise (Ø 10 cm) ausstechen.

2 Die Blätterteigkreise mit der Butter einpinseln und auf zwei Backbleche verteilen. 5 Minuten backen, bis der Teig knusprig und goldbraun ist. Auf einem Kuchengitter auskühlen lassen.

3 Die Mangos schälen, entsteinen und in dünne Scheiben scheiden. Die Himbeeren mit 45 ml Wasser in der Küchenmaschine pürieren. Einen der Blätterteigkreise auf einen Teller legen. Darauf etwas von den Mangos verteilen und mit dem Püree beträufeln. Diese Schichtfolge zweimal wiederholen. Die übrigen Portionen auf die gleiche Weise anrichten.

186 kcal/779 kJ; 2,2 g Protein; 21,7 g Kohlenhydrate, davon 11,9 g Zucker; 10,7 g Fett, davon 6,7 g gesättigte Fette; 27 mg Cholesterin; 36 mg Calcium; 3,1 g Ballaststoffe; 79 mg Natrium

Weintrauben-Käse-Tartelettes

Wählen Sie für diese klassische Kombination von Obst und Käse möglichst dunkle Trauben, da sie die höchste Konzentration an cholesterinsenkenden Phytonährstoffen aufweisen. Den Fettgehalt senken Sie, indem Sie fettarmen Hüttenkäse verwenden.

Für 6 Portionen
350 g Mürbeteig (TK-Ware aufgetaut)
225 g Frisch- oder Hüttenkäse
150g milder Naturjoghurt (probiotisch)
½ TL Vanilleextrakt, 1 EL extrafeiner Zucker
200 g blaue Weintrauben, halbiert und falls nötig entkernt
1 TL Pfeilwurzmehl, 6 EL ungesüßter Apfelsaft

1 Den Backofen auf 200 °C vorheizen (Umluft 180 °C). Den Teig ausrollen und damit 6 Tartelettteformen (Ø 9 cm) auskleiden. Den Boden einstechen und mit Backpapier und dann mit Backbohnen belegen.

2 10 Minuten backen, dann das Backpapier und die Bohnen entfernen und weitere 5 Minuten goldbraun backen. Die Teigförmchen aus der Form lösen und auf einem Kuchengitter auskühlen lassen.

3 In der Zwischenzeit Frischkäse, Joghurt, Vanilleextrakt und Zucker in einer Schüssel vermischen.

4 Die Frischkäsemasse auf die Teigförmchen verteilen, glatt streichen und darauf die halbierten Trauben anrichten.

5 Für den Guss das Pfeilwurzmehl mit dem Apfelsaft in einem Topf verrühren und zum Kochen bringen. Dann vom Herd nehmen und abkühlen lassen. Dabei gelegentlich umrühren.

6 Den Guss über die Trauben geben und komplett abkühlen lassen. Bis zum Servieren kühl stellen.

559 kcal/2330 kJ; 10,4 g Protein; 45,1 g Kohlenhydrate, davon 19,7 g Zucker; 39,3 g Fett, davon 23,9 g gesättigte Fette; 164 mg Cholesterin; 123 mg Calcium; 1,3 g Ballaststoffe; 331 mg Natrium

Himbeer-Mandel-Tarte

Himbeeren und Mandeln ergeben sowohl in geschmacklicher Hinsicht als auch in Bezug auf ihre gesundheitlichen Vorzüge eine hervorragende Kombination. Diese Tarte eignet sich daher besonders gut als krönender Abschluss eines festlichen Essens.

Für 4 Portionen
200 g Mürbeteig
2 große Eier
75 ml Sahne
50 g extrafeiner Zucker
50 g gemahlene Mandeln
20 g Butter
350 g Himbeeren

1 Eine Tarteform (Ø 20 cm) mit dem Teig auskleiden. Den Boden einstechen und 30 Minuten ruhen lassen. Den Backofen auf 200 °C vorheizen (Umluft 180 °C).

2 Die Eier, Sahne und gemahlenen Mandeln in einer Schüssel miteinander verquirlen. Die Butter schmelzen, zur Mandelmasse geben und alles gut vermischen.

3 Die Himbeeren vorsichtig und möglichst gleichmäßig auf dem Teig verteilen, da sie aus dem Teig herausragen werden. Falls gewünscht, kann auch ein Muster gebildet werden.

4 Die Mandelmasse über die Himbeeren gießen und wiederum gleichmäßig darauf verteilen.

5 Im Backofen 25 Minuten backen, warm oder kalt servieren.

> **Variante**
> Auch mit Pfirsichen lässt sich eine leckere Tarte zubereiten. Dazu 6 große, reife Früchte schälen und entsteinen. Dann in Scheiben schneiden und wie die Himbeeren oben verwenden.

548 kcal/2284 kJ; 10,9 g Protein; 41,7 g Kohlenhydrate, davon 18,4 g Zucker; 38,8 g Fett, davon 14,8 g gesättigte Fette; 158 mg Cholesterin; 128 mg Calcium; 4,1 g Ballaststoffe; 282 mg Natrium

Birnen mit Vanille-Honig-Safran-Sirup

Diese saftig-süßen Birnen in Vanille-Honig-Safran-Sirup sind ein sehr elegantes und gleichzeitig fettarmes Dessert. Genießen Sie es pur oder zusammen mit einem großzügigen Klecks Naturjoghurt beziehungsweise Crème fraîche oder mit Eiscreme.

Für 4 Portionen

150 g extrafeiner Zucker
7 EL klarer Honig
1 TL fein abgeriebene Limettenschale
1 großzügige Prise Safran, 2 Vanilleschoten
4 große reife Tafelbirnen
milder Joghurt (probiotisch), Crème légère
   oder Eiscreme als Beilage

1 Den Honig in einen mittelgroßen beschichteten Wok füllen, die Limettenschale und den Safran hinzufügen. Die Vanilleschoten mit einem kleinen scharfen Messer der Länge nach halbieren, das Mark herauskratzen und zusammen mit den Schoten in den Wok geben.

2 500 ml Wasser angießen und zum Kochen bringen. Dann die Hitze reduzieren und simmern lassen. Gelegentlich umrühren.

3 In der Zwischenzeit die Birnen schälen, in den Wok geben und im Sirup wenden, sodass sie überall benetzt sind. Den Wok abdecken und die Birnen 15 Minuten simmern lassen, bis sie weich sind. Währenddessen einmal wenden.

4 Die Birnen mit einem Schaumlöffel herausheben, auf 4 Schalen verteilen und diese beiseitestellen.

5 Den Sirup erneut aufkochen und bei kleiner Hitze 10 Minuten reduzieren. Dann den Sirup über die Birnen geben und diese warm oder kalt mit Naturjoghurt, Crème fraîche oder Eiscreme servieren.

Varianten

Der Sirup lässt sich nach Belieben aromatisieren. Probieren Sie einmal folgende Varianten: 2 EL gehackter Ingwer und 1–2 Sternanis statt des Safrans und der Vanille oder 1 Zimtstange und 3 Gewürznelken und 7 EL Ahornsirup statt des Honigs und der angegebenen Gewürze.

283 kcal/1207 kJ; 0,8 g Protein; 74,3 g Kohlenhydrate, davon 74,3 g Zucker; 0,2 g Fett, davon 0 g gesättigte Fette; 0 mg Cholesterin; 38 mg Calcium; 3,3 g Ballaststoffe; 10 mg Natrium

Apfel-Bananen-Crumble

Diese zuckerarme und sehr nährstoffreiche Nachspeise ist bei Kindern und Erwachsenen gleichermaßen beliebt. Das knusprige Haferflocken-Topping sorgt für einen niedrigen glykämischen Index und eine langsame, kontinuierliche Energieabgabe.

Für 6 Portionen
2 Kochäpfel
2 große Bananen
4 EL Wasser
50 g Halbfett-Margarine
2–3 EL Apfel- und Birnenaufstrich
25 g Vollkornmehl
115 g kernige Haferflocken
2 EL Sonnenblumenkerne
fettarmer Joghurt als Beilage (optional)

3 Das Obst in eine Kuchenform (Ø 18 cm) füllen und die Haferflockenmischung darauf verteilen. 20 Minuten backen, bis das Topping goldbraun ist. Warm oder abgekühlt, für sich oder mit einem Klecks fettarmen Joghurt servieren.

1 Den Backofen auf 180°C vorheizen (Umluft 160°C). Die Äpfel vierteln, entkernen und mitsamt Schale in kleine Stücke schneiden. Die Bananen schälen und in Scheiben schneiden. Äpfel, Banen und Wasser in einem Topf vermischen und kochen, bis sie breiig sind.

2 Die Margarine mit den Aufstrichen in einem zweiten Topf erhitzen und gründlich mit dem Mehl, den Haferflocken und den Sonnenblumenkernen vermischen.

207 kcal/870 kJ; 5 g Protein; 31 g Kohlenhydrate, davon 14 g Zucker; 8 g Fett, davon 2 g gesättigte Fette; 1 mg Cholesterin; 25 mg Calcium; 3,8 g Ballaststoffe; 58 mg Natrium

Pochierte Winterfrüchte in Glühwein

Diese Kombination von frischen Äpfeln und Birnen mit getrockneten Aprikosen und Feigen, gekocht in würzigem Glühwein, ist ein wunderbares Winterdessert. Durch das Kochen verliert der Wein etwas von seinem Alkoholgehalt, nicht aber von seinen Phytonährstoffen.

Für 4 Portionen

300 ml Rotwein
300 ml Orangensaft
fein abgeriebene Schale und Saft von 1 Orange
3 EL klarer Honig oder Gerstenmalzsirup
1 halbierte Zimtstange
4 Gewürznelken
4 gespaltene Kardamomkapseln
2 Birnen (Doyenné du Comice oder Williams), geschält, entkernt und halbiert
8 getrocknete Feigen
12 getrocknete Aprikosen, ungeschwefelt
2 Tafeläpfel, geschält, entkernt und in dicke Scheiben geschnitten

1 Den Wein, den Orangensaft, den Saft der Orange und die Hälfte der Orangenschale in einem Topf mit dem Honig oder dem Sirup sowie den Gewürzen verrühren.

2 Die Weinmischung zum Kochen bringen, die Hitze reduzieren und 2 Minuten simmern lassen. Gelegentlich umrühren.

3 Die Birnen, die Feigen und die Aprikosen zur Weinmischung geben, zugedeckt weitere 25 Minuten simmern lassen, dabei die Früchte gelegentlich wenden. Schließlich die Apfelscheiben hinzufügen und nochmals 12–15 Minuten garen.

4 Die Früchte aus dem Topf heben, die Gewürze entfernen. Dann die Weinmischung bei hoher Hitze reduzieren und über die Früchte gießen. Mit der übrigen Orangenschale garniert servieren.

Superfood-Tipps

- Die Kombination von frischen und getrockneten Früchten sorgt für einen hohen Gehalt an Vitaminen und Mineralstoffen, insbesondere an Vitamin C, Beta-Carotin, Kalium und Eisen. Auch sind die Früchte reich an Ballaststoffen.
- Kardamom und Zimt lindern Verdauungsstörungen sowie – zusammen mit den Gewürznelken – Husten und Erkältungsbeschwerden.

494 kcal/2100 kJ; 7,3 g Protein; 105,5 g Kohlenhydrate, davon 105,5 g Zucker; 2,2 g Fett, davon 0 g gesättigte Fette; 0 mg Cholesterin; 309 mg Calcium; 14, g Ballaststoffe; 85 mg Natrium

Gegrillte Ananas mit Papayasoße

Das Grillen von Früchten wie Ananas sorgt für ein ausgeprägtes Aroma mit tiefen, kraftvollen Noten. Dabei ergänzt die orange-rosafarbene Papayasoße die Ananas sowohl farblich als auch geschmacklich. Servieren Sie dieses Dessert warm als fruchtige Leckerei.

Für 6 Portionen

1 süße Ananas
1,5 TL Leinsamenöl zum Einfetten
2 Stück in Sirup eingelegter Stem-Ingwer, abgetropft und in feine Streifen geschnitten, sowie 2 EL Sirup
2 EL Dermerara-Zucker
1 Prise gemahlener Zimt

Für die Soße
1 reife Papaya, geschält und entkernt
175 ml Apfelsaft

1 Die Ananas schälen und die äußere Schicht des Fruchtfleisches mitsamt den „Augen" spiralförmig entfernen. Dann die Ananas quer in sechs 2,5 cm dicke Scheiben schneiden.

2 Ein Backblech mit Alufolie auslegen (dabei einen Rand bilden) und mit dem Leinsamenöl einfetten.

3 Den Backofengrill vorheizen. Die Ananasscheiben auf der Alufolie verteilen, mit den Ingwerstreifen, Zucker sowie Zimt bestreuen und mit dem Sirup beträufeln.

4 Die Ananasscheiben 5–7 Minuten grillen, bis diese goldbraun und am Rand leicht verschmort sind.

5 In der Zwischenzeit die Soße zubereiten. Dazu von der Papaya einige Scheiben abschneiden und beiseitelegen. Den Rest mit dem Apfelsaft mit einer Küchenmaschine oder dem Mixer pürieren.

6 Das Püree durch ein Sieb in eine Schüssel passieren und mit der Kochflüssigkeit der Ananas vermischen. Die Ananasscheiben mit der Soße übergießen und mit der übrigen Papaya garniert servieren.

Zubereitungstipps
- Die Papayasoße aus diesem Rezept passt auch hervorragend zu gegrilltem Hühnerfleisch und Wildgeflügel sowie zu Schweine- und Lammfleisch.
- Sie können die Soße auch auf Vorrat zubereiten und in einer Eiswürfelschale einfrieren. So lässt sie sich leicht nach Bedarf portionieren.

92 kcal/393 kJ; 1 g Protein; 20 g Kohlenhydrate, davon 20 g Zucker; 2 g Fett, davon 0 g gesättigte Fette; 0 mg Cholesterin; 27 mg Calcium; 1,8 g Ballaststoffe; 4 mg Natrium

Sommerbeeren-Crêpes

Bei diesem Dessert gehen die zarten Crêpes und die geschmacklich eher kräftigen Sommerbeeren eine wunderbare, höchst delikate Verbindung ein. Da Letztere dabei nur leicht erwärmt werden, behalten sie ihre gesamten Vitamine.

Für 4 Portionen
115 g Mehl
1 Msp. Backpulver
1 großes Ei
300 ml Milch
einige Tropfen Vanilleextrakt
1 EL Butter
1 EL Sonnenblumenöl
1 TL Puderzucker zum Bestäuben

Für die Fruchtbeilage
300 ml ungesüßter Apfelsaft
Saft von 2 Orangen
dünn abgeschälte Schale von ½ Orange
350 g gemischte Sommerbeeren

1 Den Backofen auf 150 °C vorheizen (Umluft 130 °C).

2 Für die Crêpes das Mehl in eine große Schüssel sieben und in die Mitte eine Vertiefung drücken. Die Eier hinzufügen und zu einem geschmeidigen Teig verrühren, dabei nach und nach die Milch einlaufen lassen. Den Vanilleextrakt einarbeiten und 30 Minuten an einem kühlen Ort ruhen lassen.

3 Die Butter und das Öl in einer antihaftbeschichteten Pfanne erhitzen. An dieser rütteln, damit sich das Butter-Öl-Gemisch verteilt, und das überschüssige Fett in eine kleine Schüssel gießen.

4 Den Teig nochmals verquirlen. Etwas davon in die Mitte der Pfanne geben und die Pfanne bewegen, sodass sich der Teig verteilt.

5 Den Crêpes backen, bis sich der Rand vom Pfannenboden löst und die Unterseite goldbraun ist. Dann wenden und auch die zweite Seite goldbraun backen.

6 Die Crêpe aus der Pfanne heben, auf einen Teller geben und mit Alufolie bedeckt warm stellen. Sieben weitere Crêpes backen.

7 Für die Fruchtmischung den Apfelsaft in einem Topf zum Kochen bringen und um die Hälfte reduzieren. Dann den Orangensaft und die -schale zugeben und weiterkochen, bis die Mischung eine sirupartige Konsistenz hat.

8 Die Crêpes zu Vierteln falten und jeweils zwei davon auf einem Teller anrichten. Früchte dazugeben und leicht mit Puderzucker bestäuben.

Zubereitungstipp
Reduzierter ungesüßter Apfelsaft ist eine gute Alternative zu Wasser-Zucker-Sirup.

260 kcal/1099 kJ; 8 g Protein; 45,9 g Kohlenhydrate, davon 24,6 g Zucker; 3,5 g Fett, davon 0,9 g gesättigte Fette; 51 mg Cholesterin; 235 mg Calcium; 2,4 g Ballaststoffe; 184 mg Natrium

Apfelpudding

Das Herzstück dieses souffléartigen Puddings sind die Äpfel, die trotz ihres hohen Gehalts an Antioxidantien und Vitamin C oftmals ein Schattendasein in der Küche fristen. Er kann sowohl mit frischen Äpfeln als auch mit Apfelmus zubereitet werden.

Für 4 Portionen
4 knackige Tafeläpfel, etwas Zitronensaft
300 ml Milch, 3 EL Butter
40 g Mehl, 25 g extrafeiner Zucker
½ TL Vanilleextrakt, 2 Eier, getrennt

4 Den Pudding ca. 40 Minuten backen, bis er aufgegangen und die Oberseite goldbraun gefärbt ist.

5 Aus dem Ofen holen und sofort servieren, bevor das souffléartige Topping in sich zusammenfällt.

Variante
Fruchtkompott aus Äpfeln, Pflaumen, Rhabarber oder Stachelbeeren eignet sich ebenfalls als Basis für dieses Dessert – genauso wie Sommerbeeren (Brombeeren, Himbeeren, schwarze und rote Johannisbeeren).

1 Den Backofen auf 200°C vorheizen (Umluft 180°C). Eine feuerfeste Form mit einem Durchmesser von 20–23 cm und einer Höhe von 5 cm einfetten. Die Äpfel schälen, entkernen, in Spalten schneiden und diese in die Schale geben.

2 Milch, Butter und Mehl in einem Topf bei mittlerer Hitze unter ständigem Rühren zum Kochen kommen lassen. Dann 1–2 Minuten sanft sprudelnd kochen lassen, dabei weiterrühren, damit die Mischung nicht anbrennt. Diese in eine Schüssel gießen und mit dem Zucker sowie dem Vanilleextrakt vermischen. Dann das Eigelb einrühren.

3 In einer zweiten Schüssel das Eiweiß zu steifem Schnee schlagen. Diesen mit einem Metalllöffel unter die Vanillesoße heben und die Mischung über die Äpfel in der Form geben.

240 kcal/1006 kJ; 7 g Protein; 26,8 g Kohlenhydrate, davon 19,2 g Zucker; 12,5 g Fett, davon 6,8 g gesättigte Fette; 6,8 mg Cholesterin; 127 mg Calcium; 1,9 g Ballaststoffe; 131 mg Natrium

Reispudding mit Fruchtkompott

Das fruchtig-frische Kompott harmoniert hervorragend mit dem süßen Karamell-Reispudding. In Bezug auf ihren Nährstoffgehalt stehen die getrockneten Aprikosen den frischen Früchten in nichts nach und zählen deshalb als vollwertige Obstportion.

Für 4 Portionen
1 aufgeschlitzte Vanilleschote, 300 ml Milch
300 ml Kondensmilch, 50 g Milchreis

Für den Karamell
115 g Zucker
6 EL Wasser

Für das Kompott
75 g extrafeiner Zucker, 225 g getrocknete
    Aprikosen
50 g blanchierte Mandeln
einige Tropfen Bittermandelextrakt (optional)

1 Den Backofen auf 150 °C vorheizen (Umluft 130 °C). Für den Karamell den Zucker und die Hälfte des Wassers in einen schweren Topf geben. Bei schwacher Hitze erwärmen, bis sich der Zucker aufgelöst hat und die Flüssigkeit klar ist. Dabei nicht umrühren. Dann die Hitzezufuhr erhöhen und sanft kochen, bis die Flüssigkeit einen Karamellton annimmt. Vom Herd nehmen, einen Schritt zurücktreten und das restliche Wasser hinzufügen. Achtung, Spritzgefahr!

2 Den Karamell erneut sanft erwärmen. Dabei umrühren, um entstandene Karamellstücke aufzulösen. Dann vom Herd nehmen und 2 Minuten auskühlen lassen.

3 Für den Reispudding Vanilleschoten, Milch und Kondensmilch langsam zum Kochen kommen lassen. Den Reis sowie den abgekühlten Karamell zugeben und erneut aufwallen lassen. Dann in eine flache feuerfeste Form geben (Fassungsvermögen ca. 900 ml).

4 Den Pudding ca. 3 Stunden backen, bis sich eine braune Haut bildet und der darunterliegende Reis weich und cremig ist.

5 In der Zwischenzeit das Kompott zubereiten. Dazu den Zucker und 300 ml Wasser in einem Topf erhitzen, bis sich der Zucker aufgelöst hat. Dann die Aprikosen hinzufügen und 20 Minuten simmern lassen, bis sie weich sind. Zum Schluss Mandeln und Bittermandelextrakt einrühren. Das Kompott auskühlen lassen und kalt stellen.

6 Das kalte Aprikosen-Mandel-Kompott über den warmen Reispudding geben und servieren.

Zubereitungstipp
Wenn Sie die Haut nicht mögen, können Sie den Reispudding auch ca. 1 Stunde auf dem Herd kochen, statt im Backofen zu backen.

545 kcal/2304 kJ; 15 g Protein; 92 g Kohlenhydrate, davon 81 g Zucker; 16 g Fett, davon 6 g gesättigte Fette; 30 mg Cholesterin; 384 mg Calcium; 4,5 g Ballaststoffe; 180 mg Natrium

Dunkler Schokoladen-Pflaumen-Kuchen

Dieser gehaltvolle Schokoladenkuchen ist reich an Ballaststoffen, die gut für Ihre (Darm-) Gesundheit sind. Zwar ist er auch ziemlich zuckerhaltig, aber das rührt von den Pflaumen her, sodass die Energie langsam und kontinuierlich abgegeben wird.

Für 1 Kuchen (Ø 20 cm)
300 g Zartbitterschokolade
150 g Halbfett-Margarine
200 g entsteinte Trockenpflaumen
3 verquirlte Eier
150 g Kichererbsenmehl vermischt mit 2 TL
    Backpulver, 120 ml Sojamilch

1 Den Backofen auf 180 °C vorheizen (Umluft 160 °C). Eine Springform (Ø 20 cm) fetten und mit Backpapier auslegen. Die Schokolade im Wasserbad schmelzen.

2 Die Margarine und die Pflaumen mit der Küchenmaschine vermischen, bis eine luftige Masse entsteht. Diese in eine Schüssel füllen.

3 Nach und nach die geschmolzene Schokolade und die Eier zugeben und abwechselnd in die Mehlmischung einarbeiten. Dann die Sojamilch einrühren.

4 Den Teig in die Form füllen und 20–30 Minuten backen, bis der Teig sich fest anfühlt. Aus der Form lösen und auf einem Kuchengitter erkalten lassen.

Zubereitungstipp
Das beste Ergebnis erzielen Sie mit dunkler Schokolade (Zartbitterschokolade) mit einem hohen Kakaoanteil (70 %).

Variante
Statt der Pflaumen können Sie auch getrocknete Aprikosen verwenden.

3173 kcal/13.294 kJ; 65 g Protein; 376,8 g Kohlenhydrate, davon 259,8 g Zucker; 166,1 g Fett, davon 72,6 g gesättigte Fette; 598 mg Cholesterin; 537 mg Calcium; 23,6 g Ballaststoffe; 1268 mg Natrium

Apfel-Zimt-Kuchen

Bei diesem saftig-festen Apfelkuchen spitzen die Früchte verführerisch durch den Teig. Da diese nicht geschält werden, enthalten sie nicht nur jede Menge Ballaststoffe, sondern auch den höchstmöglichen Gehalt an anderen wertvollen Nährstoffen.

Für 6–8 Portionen

375 g Mehl, 3 TL Backpulver
3–4 große Kochäpfel oder Koch- und Tafeläpfel
2 TL gemahlener Zimt, 500 g extrafeiner Zucker
4 leicht verquirlte Eier, 250 ml Pflanzenöl
120 ml Orangensaft
2 TL Vanilleextrakt, ½ TL Salz

1 Den Backofen auf 180 °C vorheizen (Umluft 160 °C). Eine rechteckige Backform (30 x 38 cm) fetten und leicht mit Mehl bestäuben. Die Äpfel entkernen und in Scheiben schneiden, nicht schälen.

2 Die Apfelscheiben in eine Schüssel geben und mit dem Zimt sowie 5 EL des Zuckers vermengen.

3 In einer zweiten Schüssel die Eier mit dem übrigen Zucker, dem Öl, dem Orangensaft und dem Vanilleextrakt verrühren. Das Mehl darübersieben, Salz hinzufügen und alles gut vermischen.

4 ⅔ des Teiges in die Form füllen, ⅓ der Äpfel darauf verteilen, dann den Rest des Teigs einfüllen und mit den restlichen Äpfeln bedecken. 1 Stunde goldbraun backen. In der Form auskühlen lassen und in Quadrate schneiden.

Superfood-Tipp
Zimt hilft, den LDL-Cholesterinspiegel, also das „schlechte" Cholesterin, zu senken.

Zubereitungstipp
Da in diesem Rezept Orangensaft statt Milch verwendet wird, eignet es sich auch für Menschen, die an einer Laktoseintoleranz leiden.

653 kcal/2751 kJ; 7,8 g Protein; 105,4 g Kohlenhydrate, davon 70,6 g Zucker; 25,2 g Fett, davon 3,4 g gesättigte Fette; 95 mg Cholesterin; 215 mg Calcium; 2,1 g Ballaststoffe; 210 mg Natrium

Grüntee-Früchtekuchen

Dieser leckere Rührkuchen ist sehr fettarm. Verwenden Sie Ihre Lieblings-Trockenobst-mischung, wobei Sie die Früchte klein schneiden sollten, damit der Kuchen locker und saftig wird. Das Einweichen in grünem Tee erhöht deren antioxidative Wirkung zusätzlich.

Für 1 Kuchen
300 ml grüner Tee (aus 3 Teebeuteln)
250 g Trockenobst, zum Beispiel Rosinen,
  Sultaninen, Aprikosen, Datteln – oder eine
  Mischung davon
225 g Mehl
1,5 TL Backpulver
1 verquirltes Ei
115 g Rohzucker
1EL Wasser (optional)

3 Das Mehl, die Eier sowie den Zucker mit den eingeweichten Früchten und dem Tee vermischen. Gegebenenfalls Wasser zugeben.

1 Den grünen Tee mit kochendem Wasser zu-bereiten und das Trockenobst darin mindestens 4 Stunden einweichen.

2 Den Backofen auf 160 °C vorheizen (Umluft 140 °C). Eine Kastenform fetten und mit Back-papier auslegen.

4 Den Teig in die Form füllen und auf der mitt-leren Schiene 1 Stunde backen. Mithilfe eines Holzstäbchens eine Garprobe durchführen. Der Kuchen ist fertig, wenn nach dem Herausziehen kein Teig an dem Stäbchen haftet.

5 Den Kuchen aus dem Ofen holen und 5 Minu-ten abkühlen lassen, dann aus der Form lösen und vollständig erkalten lassen.

> **Superfood-Tipp**
> Die Zugabe von gehackten Nüssen und/oder Samen zum Teig erhöht den Nährstoffgehalt zusätzlich.

1918 kcal/8183 kJ; 34 g Protein; 457 g Kohlenhydrate, davon 290 g Zucker; 10 g Fett, davon 2 g gesättigte Fette; 232 mg Cholesterin; 1070 mg Calcium; 12,5 g Ballaststoffe; 1051 mg Natrium

Rote-Beete-Schokoladen-Muffins

Die rote Beete, die man nur selten in Gebäck findet, stellt einen interessanten Kontrast zu dem intensiven Kakaogeschmack dar. Beide Zutaten fördern die Herzgesundheit, indem sie die Blutgefäße elastisch und das „schlechte" Cholesterin niedrig halten.

Für 10 Stück
115 g Zartbitterschokolade (Kakaogehalt 70 %)
115 g Butter
250 g Rote Beete, gekocht, geschält und geraspelt
3 leicht verquirlte Eier
225 g Mehl, 2 TL Backpulver
200 g extrafeiner Zucker
2 EL Roggenmehl

Für das Topping
75 ml Sahne
175 g Zartbitterschokolade (Kakaogehalt 70 %)
25 g Butter

1 Den Backofen auf 190 °C vorheizen (Umluft 170 °C). Ein Muffinblech einfetten oder Papierförmchen in die Vertiefungen setzen.

2 Die Schokolade und die Butter im Wasserbad schmelzen, dabei gelegentlich umrühren. Vom Herd nehmen, sobald die Mischung vollständig geschmolzen ist.

3 Die Roten Beete und die Eier unter die Schokolade-Butter-Mischung rühren.

4 Das gesiebte Mehl, Backpulver und Zucker unterheben. Dann den Teig in die Blechvertiefungen füllen und mit dem Roggenmehl bestäuben.

5 Die Muffins 25 Minuten backen, bis sie aufgegangen sind. 5 Minuten in der Form abkühlen lassen, dann auf einem Kuchengitter vollständig auskühlen lassen.

6 Für das Topping die Sahne zum Kochen bringen, dann vom Herd nehmen und 1 Minute abkühlen lassen. Die Schokolade in die heiße Sahne bröseln und unter ständigem Rühren auflösen.

7 Die Butter in die Schokoladenmasse rühren, bis diese glänzt. Dann sofort weiterverarbeiten.

8 Die Muffins mit der Schokoladenganache garnieren und möglichst bald verzehren.

> **Zubereitungstipp**
> Zum Kochen der Roten Beete die Stiele 2,5 cm oberhalb der Knollen abschneiden, ohne dabei die Haut zu verletzen. Dann die Knollen in einen Topf mit kochendem Wasser geben und 90 Minuten garen. Die Roten Beete abgießen, abkühlen lassen. Stiele und Wurzeln entfernen.

342 kcal/1437 kJ; 5,4 g Protein; 50 g Kohlenhydrate, davon 30,2 g Zucker; 14,8 g Fett, davon 8,7 g gesättigte Fette; 85 mg Cholesterin; 112 mg Calcium; 1,5 g Ballaststoffe; 218 mg Natrium

Müsliriegel mit Feigen

Diese Leckerei steckt dank des Hafers, der Samen und des Joghurts voller wertvoller Nährstoffe. Damit sind diese Müsliriegel ideal für einen Energieschub am Vormittag beziehungsweise eine wunderbare Ergänzung für die Lunchbox oder ein Picknick.

Für 12–16 Stück

175 g leichter Muscovado-Zucker
175 getrocknete Datteln, gehackt
115 g Mehl
1 TL Backpulver
50 g Granola-Müsli
2 EL Sonnenblumenkerne
1 EL Mohnsamen
2 EL Rosinen
150 ml fettarmer milder Naturjoghurt (probiotisch)
1 verquirltes Ei
200 g gesiebter Puderzucker
Zitronensaft
1–2 EL Kürbiskerne

4 Den Guss gleichmäßig auf dem Teig verteilen und mit den Kürbiskernen bestreuen. Ruhen lassen, bis der Guss fest ist, dann in Riegel oder Quadrate schneiden.

1 Den Backofen auf 180 °C vorheizen (Umluft 160 °C). Eine Backform (28 x 18 cm) mit niedrigem Rand mit Backpapier auslegen. Sämtliche Zutaten mit Ausnahme des Puderzuckers, des Zitronensaftes und der Kürbiskerne miteinander verrühren.

2 Den Teig gleichmäßig in der Form verteilen, 25 Minuten goldbraun backen und auskühlen lassen.

3 Für den Guss den Puderzucker mit dem Zitronensaft zu einer glatten, zähflüssigen Masse verrühren.

176 kcal/749 kJ; 3 g Protein; 38,7 g Kohlenhydrate, davon 31,3 g Zucker; 2,1 g Fett, davon 0,3 g gesättigte Fette; 12 mg Cholesterin; 72 mg Calcium; 1,1 g Ballaststoffe; 45 mg Natrium

Gojibeeren-Zimt-Muffins

Diese verführerischen Muffins haben einen hohen Gehalt an Ballaststoffen, was für einen niedrigen glykämischen Index und ein lang anhaltendes Sättigungsgefühl sorgt – eine Leckerei, die Sie auch einfach mal zwischendurch genießen können.

Für 12 Stück

55 g Gojibeeren, 55 g Rosinen
100 ml Apfelsaft, 115 g geschmolzene Butter
115 g extrafeiner Zucker
150 ml Milch, 2 verquirlte Eier
125 g Mehl, 125 g Weizenvollkornmehl
4 TL Backpulver, 2 TL gemahlener Zimt
1 TL Vanilleextrakt, 25 g Haferflocken

1 Den Backofen auf 190 °C vorheizen (Umluft 170 °C). Ein Muffinblech einfetten und Papierförmchen in die Vertiefungen setzen.

2 Die Gojibeeren und die Rosinen im Apfelsaft einweichen.

3 Die geschmolzene Butter, den Zucker, die Milch und die Eier in einem Krug verrühren.

4 Die zwei Mehlsorten, das Backpulver und den Zimt in einer großen Schüssel vermengen.

5 Eine Vertiefung in die Mitte drücken, die Butter-Eier-Mischung hineingießen und alles vermischen. Dann die Früchte unterheben.

6 Den Teig in die Papierförmchen füllen, mit den Haferflocken bestreuen und auf der mittleren Schiene 20 Minuten backen.

7 Vor dem Herausnehmen aus dem Ofen mit einem Holzstäbchen eine Garprobe durchführen.

233 kcal/979 kJ; 5 g Protein; 37 g Kohlenhydrate, davon 20 g Zucker; 10 g Fett, davon 6 g gesättigte Fette; 63 mg Cholesterin; 97 mg Calcium; 2 g Ballaststoffe; 200 mg Natrium

Rosinen-Kleie-Muffins

Diese aus Vollkornmehl, Kleie und saftigen Rosinen zubereiteten und mit Zimt aromatisierten Muffins sind sowohl fett- als auch zuckerarm. Ihr niedriger glykämischer Index macht sie zu einem perfekten Frühstück für Eilige beziehungsweise zu einem leckeren Nachmittagssnack.

Für 5 Stück

40 g Mehl, 50 g Weizenvollkornmehl
1,5 TL Natron
1 TL gemahlener Zimt
30 g Kleie, 85 g Rosinen
65 g dunkler Rohzucker
50 g extrafeiner Zucker
1 verquirltes Ei
250 ml Buttermilch
Saft von ½ Zitrone
50 g geschmolzene Butter

1 Den Backofen auf 200 °C vorheizen (Umluft 180 °C).

2 Ein Muffinblech einfetten oder Papierförmchen in die Vertiefungen setzen.

3 Die verschiedenen Mehlsorten, das Natron und den Zimt in einer Schüssel miteinander vermengen.

4 Die Kleie, die Rosinen und den Zucker hinzufügen und alles verrühren.

5 In einer zweiten Schüssel das Ei, die Buttermilch, den Zitronensaft und die Butter vermischen. Dann die Buttermilchmischung zu den trockenen Zutaten geben und beides leicht miteinander verquirlen, jedoch nicht zu sehr durchmischen.

6 Den Teig bis fast zum Rand in die Blechvertiefungen füllen. Die leeren Vertiefungen zur Hälfte mit Wasser füllen, damit die Muffins gleichmäßig backen.

7 Die Muffins 15–20 Minuten backen. 5 Minuten in der Form abkühlen lassen, dann auf ein Kuchengitter stellen. Warm oder ausgekühlt servieren. In einem luftdicht schließenden Behälter halten sich die Muffins bis zu 3 Tage.

> **Zubereitungstipp**
> Haben Sie keine Buttermilch zur Hand, versetzen Sie die gleiche Menge Milch mit 2 TL Zitronensaft oder Essig und lassen diese 30 Minuten stocken.

89 kcal/374 kJ; 2 g Protein; 13,4 g Kohlenhydrate, davon 8,9 g Zucker; 3,4 g Fett, davon 1,9 g gesättigte Fette; 20 mg Cholesterin; 34 mg Calcium; 1,1 g Ballaststoffe; 36 mg Natrium

Fruchtkekse mit Hirsesirup

Diese leicht und schnell zuzubereitenden Kekse sind wahre Obstbomben. Die nährstoffreichen Hirseflocken verleihen ihnen eine knusprige Textur, was bei Groß und Klein gut ankommt. Ein leckerer Snack für Zwischendurch oder als Gebäck zu Kaffee und Tee.

Für 25–30 Stück

90 g Margarine
150 g leichter Muscovado-Zucker
2 EL Melasse
1 Ei, 150 g Mehl
1 TL Backpulver
50 g Hirseflocken
50 g gehackte Mandeln
200 g gemischtes Trockenobst

1 Den Backofen auf 190 °C vorheizen (Umluft 170 °C). Zwei große Backbleche mit Backpapier auslegen.

2 Die Margarine, Zucker, Melasse und Ei in einer großen Schüssel vermischen und zu einer glatten, luftigen Masse verarbeiten.

3 Das Mehl, die Hirseflocken, die Mandeln sowie das Trockenobst einrühren. Jeweils einen Esslöffel voll Teig auf das Blech setzen, dabei ausreichend Abstand zwischen den Keksen lassen.

4 Die Kekse 15 Minuten backen, bis sie gebräunt sind. Einige Minuten auf dem Blech abkühlen lassen, dann auf einem Kuchengitter völlig auskühlen lassen.

Zubereitungstipp
Hirseflocken lassen sich auch durch Hafer-, Weizen- oder Gerstenflocken ersetzen.

99 kcal/416 kJ; 1,4 g Protein; 15,7 g Kohlenhydrate, davon 10,6 g Zucker; 3,8 g Fett, davon 1,2 g gesättigte Fette; 7 mg Cholesterin; 26 mg Calcium; 0,5 g Ballaststoffe; 33 mg Natrium

Kräuter-Hafer-Schnitten

Der Thymian und die Sonnenblumenkerne verstärken die herzschützenden Eigenschaften des Hafers. Die dreieckige Form und das Sonnenblumenkern-Topping verleihen den Schnitten ein rustikales Aussehen – perfekt für eine Käseplatte oder einfach als Snack zwischendurch.

Für 32 Stück
175 Weizenvollkornmehl, 175 feines Hafermehl
1 TL Salz, ¼ TL Natron
75 g Pflanzenfett
1 EL gehackte frische Thymianblätter
2 EL Sonnenblumenkerne
Haferflocken zum Bestreuen

1 Den Backofen auf 150 °C vorheizen (Umluft 130 °C). Zwei nicht gefettete antihaftbeschichtete Backbleche mit den Haferflocken bestreuen und beiseitestellen.

2 Das Mehl, den Hafer, das Salz und das Natron in einer Schüssel zu einer krümeligen Masse vermischen. Dann den Thymian hinzufügen.

3 Kaltes Wasser einrühren bis ein fester, nicht klebriger Teig entsteht (ca. 90–105 ml).

4 Den Teig auf einer leicht bemehlten Unterlage sanft kneten, bis er glatt und geschmeidig ist. Dann den Teig halbieren und eine Hälfte zu einem 23–25 cm großen Kreis ausrollen.

5 Den Teig mit der Hälfte der Sonnenblumenkerne bestreuen und diese mit dem Nudelholz einarbeiten. Anschließend den Teig in Dreiecke schneiden und auf eines der Backbleche legen. Mit der zweiten Teighälfte ebenso verfahren. Die Dreiecke 45–60 Minuten backen, bis sie knusprig, aber nicht braun sind. Auf Kuchengittern auskühlen lassen.

62 kcal/259 kJ; 1,6 g Protein; 7,7 g Kohlenhydrate, davon 0,2 g Zucker; 3 g Fett, davon 0,9 g gesättigte Fette; 0 mg Cholesterin; 6 mg Calcium; 0,9 g Ballaststoffe; 21 mg Natrium

Mandel-Orangen-Karotten-Riegel

Diese Riegel sind Karottenkuchen in Miniaturform und damit eine fantastische Möglichkeit, mehr Obst und Gemüse in den Speiseplan zu integrieren – zumal die Mandeln und Walnüsse auch noch einige essenzielle Fettsäuren sowie B-Vitamine und Mineralstoffe beisteuern.

Für 16 Stück
75 g ungesalzene weiche Butter
50 g extrafeiner Zucker, 150 g Weizenvollkornmehl
fein abgeriebene Schale von 1 Orange

Für die Füllung
90 g ungesalzene Butter, in Würfel geschnitten
75 g extrafeiner Zucker, 2 Eier
½ TL Mandelextrakt, 175 g gemahlene Mandeln
1 große gekochte Karotte, fein gehackt

Für das Topping
175 Frischkäse, 2–3 EL gehackte Walnüsse

1 Den Backofen auf 190 °C vorheizen (Umluft 170 °C). Eine Backform (28 x 18 cm) mit niedrigem Rand leicht fetten.

2 Die Butter, den Zucker, das Mehl und die Orangenschale mit den Händen vermischen, bis eine krümelige Masse entsteht. Teelöffelweise Wasser zugeben und zu einem glatten, nicht klebrigen Teig kneten. Diesen auf einer bemehlten Unterlage ausrollen und den Boden der Form damit auslegen.

3 Für die Füllung Butter und Zucker schaumig schlagen. Die Eier sowie den Mandelextrakt unterrühren, dann die Mandeln und die Karotten einarbeiten. Die Mischung auf dem Teig verteilen und 25 Minuten backen, bis die Füllung in der Mitte fest und goldbraun ist. In der Form auskühlen lassen.

4 Für das Topping den Frischkäse aufschlagen und mit einer Palette oder einem großen Messer gleichmäßig auf der abgekühlten Füllung verstreichen. Mit den Walnüssen bestreuen und mit einem scharfen Messer in gleichgroße Riegel schneiden.

85 kcal/355 kJ; 1,4 g Protein; 5,3 g Kohlenhydrate, davon 2,9 g Zucker; 6,6 g Fett, davon 3 g gesättigte Fette; 18 mg Cholesterin; 20 mg Calcium; 0,4 g Ballaststoffe; 34 mg Natrium

Ingwerkekse mit Schokoladensplittern

Obwohl man es ihnen nicht ansieht, stecken diese Kekse dank der Flohsamenschalen bis oben hin voller Ballaststoffe, die das Herz schützen und den Cholesterinspiegel regulieren. Die köstliche Kombination von Ingwer und Schokolade macht sie zum perfekten Kaffeegebäck.

Für 8 Stück
Rapsöl zum Einfetten, 50 g Olivenöl-Margarine
85 g extrafeiner Zucker, 115 g Mehl
1 verquirltes Ei, 25 g Flohsamenschalen
½ TL Backpulver, ½ TL Vanilleextrakt
50 g Schokoladenstückchen
50 g kristallisierter Ingwer, 2–3 EL Milch

1 Den Backofen auf 180 °C vorheizen (Umluft 160 °C). Ein großes Backblech leicht einfetten.

2 Die Olivenöl-Margarine und den Zucker mit einem Holzlöffel in einer Schüssel schaumig schlagen, das Mehl darübersieben und das Ei zugeben. Alles gut miteinander vermischen.

3 Die Flohsamenschalen, das Backpulver, den Vanilleextrakt einrühren, dann die Schokoladenstückchen und den Ingwer unterheben.

4 Nach und nach die Milch zugeben, bis ein glatter, schwer reißender Teig entsteht. Jeweils einen Esslöffel voll Teig mit ausreichend Abstand zwischen den einzelnen Keksen auf das Blech setzen und diesen sanft flachdrücken.

5 Die Kekse auf der mittleren Schiene 15 Minuten backen. Einige Minuten auf dem Blech auskühlen lassen, dann auf einem Kuchengitter vollständig abkühlen lassen.

193 kcal/811 kJ; 3 g Protein; 31 g Kohlenhydrate, davon 17 g Zucker; 7 g Fett, davon 2 g gesättigte Fette; 30 mg Cholesterin; 45 mg Calcium; 3 g Ballaststoffe; 90 mg Natrium

Sultaninen-Walnuss-Brot

Dieses köstliche Brot passt sowohl zu süßen als auch zu herzhaften Gerichten. Servieren Sie es zu Suppen, Salaten oder mit Marmelade bestrichen zu Kaffee und Tee. Für einen Selenschub ersetzen Sie die herzschützenden Walnüsse durch Paranüsse.

Für 1 Laib

300 g helles Brotmehl
½ TL Salz
1 EL Butter
1,5 TL Trockenhefe
115 g Sultaninen
75 g grob gehackte Walnüsse oder Paranüsse
geschmolzene Butter zum Bestreichen

1 Mehl und Salz in eine Schüssel sieben, die Butter in Stückchen sowie die Hefe hinzufügen und alles miteinander vermengen.

2 Nach und nach 175 ml lauwarmes Wasser einrühren – zunächst mit einem Löffel, dann den Teig mit den Händen kneten.

3 Den Teig auf eine bemehlte Unterlage geben und weitere 10 Minuten kneten, bis er glatt und geschmeidig ist.

4 Sultaninen und Walnüsse beziehungsweise Paranüsse einarbeiten, bis sie gleichmäßig im Teig verteilt sind. Diesen zu einem ovalen Laib formen, auf ein leicht geöltes Backblech legen und mit einer ebenfalls eingeölten Frischhaltefolie abdecken. An einem warmen Ort 1–2 Stunden gehen lassen, bis der Teig sein Volumen verdoppelt hat. Den Backofen auf 220 °C vorheizen (Umluft 200 °C).

5 Die Folie entfernen und den Laib 10 Minuten backen. Dann die Temperatur auf 190 °C reduzieren (Umluft 170 °C) und weitere 25 Minuten backen.

6 Das fertige Brot auf ein Kuchengitter geben, mit der Butter bestreichen und mit einem Geschirrtuch abdecken. Vor dem Anschneiden auskühlen lassen.

1971 kcal/8303 kJ; 50 g Protein; 308 g Kohlenhydrate, davon 86 g Zucker; 68 g Fett, davon 13 g gesättigte Fette; 32 mg Cholesterin; 569 mg Calcium; 23,2 g Ballaststoffe; 1111 mg Natrium

Vollkorn-Sonnenblumen-Brot

Das Untermischen von Sämereien macht Brote nährstoffreicher und geschmacklich abwechslungsreich. Diesem Brot verleihen die Sonnenblumenkerne Knusprigkeit und ein leichtes Nussaroma, wodurch es wunderbar zu Käse oder einem Tomatenchutney passt.

Für 1 Laib
450 g Weizenvollkornmehl
½ TL Trockenhefe
½ TL Salz
50 g Sonnenblumenkerne sowie einige zum
   Bestreuen

3 Den Backofen auf 200 °C vorheizen (Umluft 180 °C). Den Teig auf eine bemehlte Unterlage geben und 10 Minuten kneten, wonach der Teig immer noch ziemlich klebrig sein wird.

1 Eine Kastenform (450 g) fetten und leicht mehlen. Mehl, Hefe, Salz und Sonnenblumenkerne in einer großen Schüssel vermischen. In die Mitte eine Vertiefung drücken, nach und nach 300 ml warmes Wasser hineingeben und verrühren. Dann mit einem Holzlöffel zu einem weichen, klebrigen Teig schlagen.

4 Den Teig zu einem Dreieck formen, in die Form geben und mit den Sonnblumenkernen bestreuen. Mit einem feuchten Geschirrtuch bedeckt nochmals 15 Minuten ziehen lassen.

5 Den Teig 45–50 Minuten goldbraun backen. 5 Minuten in der Form abkühlen lassen, dann aus der Form nehmen und völlig auskühlen lassen.

2 Die Schüssel mit einem feuchten Geschirrtuch abdecken und an einem warmen Ort 45–50 Minuten gehen lassen, bis der Teig sein Volumen verdoppelt hat.

Superfood-Tipp
Fügen Sie 2 EL Honig zum Teig hinzu, verleihen Sie diesem leckeren Brot eine süßliche Note.

1686 kcal/7136 kJ; 67 g Protein; 296,9 g Kohlenhydrate, davon 10,3 g Zucker; 33,6 g Fett, davon 3,6 g gesättigte Fette; 0 mg Cholesterin; 226 mg Calcium; 43,5 g Ballaststoffe; 998 mg Natrium

Rosmarin-Steinsalz-Focaccia

Die Oliven, der Knoblauch und der Rosmarin machen dieses Rezept zu einem Gaumenschmaus und der perfekten Beilage zu Salaten. Zudem fördert Rosmarin die Gedächtnisleistung, weshalb es kein Problem sein sollte, sich daran zu erinnern, dass zu viel Salz ungesund ist.

Für 1 Laib
225 g gesiebtes Mehl
½ TL Salz
1 Pk. Trockenhefe
4 fein gehackte Knoblauchzehen
Blätter von 2 Rosmarinzweigen
10 schwarze Oliven, entkernt und grob gehackt
   (optional)
1 EL Olivenöl

Für das Topping
6 EL Olivenöl
1 Prise Steinsalz
Blätter von 1 Rosmarinzweig

1 Mehl, Salz, Hefe, Knoblauch, Rosmarin und – soweit gewünscht – Oliven in einer Schüssel miteinander vermischen. In die Mitte eine Vertiefung drücken und nach und nach das Olivenöl sowie 150 ml warmes Wasser hinzufügen. Alles gut zu einem weichen Teig verrühren.

2 Den Teig auf eine bemehlte Unterlage geben und 10–15 Minuten kneten. Dann den Teig in eine eingeölte Schüssel legen und mit einer ebenfalls eingeölten, Frischhaltefolie oder einem Geschirrtuch abdecken. 45 Minuten an einem warmen Ort ziehen lassen, bis der Teig sein Volumen verdoppelt hat.

3 Den Teig aus der Schüssel nehmen und noch einmal leicht durchkneten. Dann den Teig 1 cm dick zu einem Oval ausrollen und auf ein gefettetes Backblech legen. Zugedeckt weitere 25–30 Minuten an einem warmen Ort gehen lassen.

4 Den Backofen auf 200 °C vorheizen (Umluft 180 °C). Mit den Fingern Mulden in den Teig drücken und diesen mit ⅔ des Olivenöls besprenkeln. Dann mit dem Salz sowie dem Rosmarin bestreuen und 25 Minuten goldbraun backen.

5 Das Brot ist fertig, wenn es beim Klopfen gegen den Boden hohl klingt. Auf ein Kuchengitter geben und mit dem restlichen Olivenöl beträufeln.

> **Superfood-Tipp**
> Oliven sind reich an Antioxidantien sowie an Vitamin E.

1699 kcal/7177 kJ; 37,8 g Protein; 311 g Kohlenhydrate, davon 9,7 g Zucker; 42,3 g Fett, davon 6,1 g gesättigte Fette; 0 mg Cholesterin; 586 mg Calcium; 13,1 g Ballaststoffe; 14 mg Natrium

Tofu-Erdbeer-Shake

Dieser Shake steckt voller Energie und wertvollen Inhaltsstoffen. Denn Tofu ist nicht nur eine hervorragende Quelle für Protein, sondern auch reich an Mineralstoffen. Die Erdbeeren und Samen machen ihn zu einer leckeren Dessert-Alternative.

Für 2 Portionen
250 g fester Tofu
200 g Erdbeeren
3 EL Kürbis- oder Sonnenblumenkerne sowie
 einige zum Bestreuen
Saft von 2 großen Orangen

1 Den Tofu in grobe Stücke schneiden, die Erdbeeren entstielen und ebenfalls in grobe Stücke schneiden. Einige davon beiseitelegen.

2 Alle Zutaten in eine Küchenmaschine oder einen Mixer füllen und zu einer glatten Masse pürieren. Falls nötig, das Mixgut zwischendurch von den Seitenwänden kratzen.

3 Den Smoothie in Gläser füllen und mit den Samen sowie den übrigen Erdbeerstücken garnieren.

Variante
Sie können auch fast alle anderen Früchte verwenden, wobei Mangos, Bananen und Pfirsiche sich besonders gut pürieren lassen.

267 kcal/1112 kJ; 15,7 g Protein; 15,5 g Kohlenhydrate, davon 11,2 g Zucker; 16,1 g Fett, davon 1,7 g gesättigte Fette; 0 mg Cholesterin; 684 mg Calcium; 2,5 g Ballaststoffe; 17 mg Natrium

Cremiger Acaibeeren-Smoothie

Die Banane und der Joghurt mildern das säuerliche Aroma der nährstoffreichen Acaibeere. Die Zutatenmenge ist ausreichend für ein Glas dieses lilafarbenen reinigenden Smoothies. Servieren Sie ihn mit Blaubeeren für eine Extraportion Nährstoffe.

Für 1 Portion

100 ml Acaibeerensaft
1 große, reife Banane
150 ml milder Naturjoghurt (probiotisch)

2 Die Zutaten sanft zu einer glatten Masse pürieren und sofort servieren.

1 Die Acaibeeren, die Banane und den Joghurt in einen Mixer füllen.

Superfood-Tipp
Acaibeeren sind reich an Kalium, Anthocyanen, Vitamin B, Ballaststoffen sowie Omega-3-Fettsäuren.

307 kcal/1248 kJ; 9 g Protein; 33 g Kohlenhydrate, davon 31 g Zucker; 16 g Fett, davon 10 g gesättigte Fette; 25 mg Cholesterin; 194 mg Calcium; 0,7 g Ballaststoffe; 100 mg Natrium

Grüntee-Latte

Der grüne Tee verleiht diesem italienischen Klassiker eine interessante asiatische Note. Gleichzeitig profitieren Sie von den gesundheitlichen Vorzügen des grünen Tees, dessen Aroma durch die Milch etwas abgemildert wird. Sie können diese aber auch durch Wasser ersetzen.

Für 4 Portionen
1 l Milch
4 EL Grünteepulver oder Matcha-Pulver
2 EL Zucker
120 ml Sahne (optional)
2 TL extrafeiner Zucker oder Honig (optional)

1 Die Milch bei niedriger Hitze erwärmen, bis sie sanft simmert. Dann den grünen Tee und den Zucker einrühren.

2 Den Tee vom Herd nehmen und in eine Schüssel oder einen Krug füllen. Abkühlen lassen und in den Kühlschrank stellen.

3 Kurz vor dem Servieren die Sahne schlagen, bis sie beginnt, sich zu verfestigen. Dann Zucker oder Honig zugeben und weiterschlagen, bis die Sahne luftig-leicht ist.

4 Den gekühlten Tee in ein großen Glas füllen, einen Klecks Sahne daraufsetzen und mit Grünteepulver bestäuben.

269 kcal/1126 kJ; 9,2 g Protein; 23 g Kohlenhydrate, davon 23 g Zucker; 16,4 g Fett, davon 10,3 g gesättigte Fette; 46 mg Cholesterin; 323 mg Calcium; 0 g Ballaststoffe; 116 mg Natrium

Heiße Kardamomschokolade

Verwenden Sie dunkle Schokolade statt fertigem Kakaogetränkepulver, da Letzteres sehr stark zuckerhaltig ist. Im Mittleren Osten wird Kardamom häufig genutzt, um Milch zu aromatisieren, weshalb er auch wunderbar zu dieser Schokolade passt.

Für 4 Portionen
900 ml Milch
2 zerstoßene Kardamomkapseln
200 dunkle Schokolade, in Stücke gebrochen

1 Die Milch und die Kardamomkapseln in einem Topf zum Kochen bringen. Die Schokolade zugeben und unter ständigem Rühren schmelzen lassen.

2 Die Kardamomkaspeln mit einem Schaumlöffel herausheben und entsorgen. Die heiße Schokolade in Becher, Tassen oder hitzebeständige Gläser füllen und sofort servieren.

359 kcal/1567 kJ; 10 g Protein; 42 g Kohlenhydrate, davon 42 g Zucker; 18 g Fett, davon 11 g gesättigte Fette; 6 mg Cholesterin; 127 mg Calcium; 0 g Ballaststoffe; 100 mg Natrium

Glossar

A

Acetycholin: einer der wichtigsten Neurotransmitter, den man in Eiern, Leber und Weizenkeimen findet.

Acidophilus-Kultur: eine Bakterienkultur, welche die Verdauung fördert und Darmprobleme lindert.

Alginsäure: eine in Meeresalgen enthaltene Säure, die Schwermetalle bindet, sodass diese ausgeschieden werden können.

Allicin: Diese Verbindung, die in Zwiebeln sowie Knoblauch vorhanden ist, senkt das Risiko für Herz- und Krebserkrankungen.

Aminosäuren: wichtige Bausteine von Peptiden und Proteinen.

Anthocyane: pflanzliche Farbstoffe, die das Risiko für Herz- und Krebserkrankungen senken.

Anthrachinon: eine im Rhabarber enthaltene Verbindung, die abführende Eigenschaften hat.

Antioxidantien: schützen unsere Körperzellen vor oxidativem Stress und können freie Radikale unschädlich machen.

B

Beta-Carotin: ein Pflanzenfarbstoff, der in Karotten, Mangos, Papayas sowie Kürbissen enthalten ist und im Körper in Vitamin A umgewandelt wird.

Beta-Caryophyllene: in Basilikum vorkommende essenzielle Öle, die entzündungshemmende Eigenschaften aufweisen.

Beta-Cryptoxanthin: ein roter Farbstoff, der in Eigelb, Papayas sowie der Schale von Orangen zu finden ist. Im Körper wird er in Vitamin A umgewandelt, das wichtig für die Augengesundheit ist.

Beta-Glucan: ein Ballaststoff, der vor allem in Hafer, Gerste sowie Pilzen vorkommt und hilft, den Cholesterinspiegel zu senken.

Betalain: ein pflanzlicher Farbstoff, der in Roten Beeten enthalten und stark antioxidativ wirksam ist.

Bifidobakterien: in Milchprodukten enthaltene Bakterien, welche die Darmgesundheit fördern.

Bioverfügbarkeit: Maß dafür, wie gut ein Nährstoff vom Körper aufgenommen und verarbeitet werden kann.

Bromelain: in der Ananas vorkommendes Enzym, das Eiweiß aufspalten kann und antioxidative Eigenschaften besitzt.

C

Capsaicin: ein in verschiedenen Paprika-Arten enthaltenes Alkaloid, das für das Schärfeempfinden verantwortlich ist und die Ausschüttung von Endorphinen anregt.

Cholesterin: ein in der Leber gebildeter Zellbestandteil, der auch an der Bildung von Hormonen beteiligt ist.

Cineol: Bestandteil des im Kardamom enthaltenen ätherischen Öls, der bei Verstopfung hilft.

Citral: ätherische Verbindung mit stark antioxidativer Wirkung. Sie findet sich in Zitronengras, Melisse, Zitronen sowie Limetten.

Cynarin: in Artischoken enthaltene Verbindung, die sich möglicherweise positiv auf die Lebergesundheit und den Cholesterinstoffwechsel auswirkt.

E

Einfach ungesättigte Fettsäuren: Fettsäuren, die sich positiv auf die Herzgesundheit auswirken. Sie sind in Oliven, Avocados und Nüssen enthalten.

Essenzielle Aminosäuren: Aminosäuren, die vom Körper nicht selbst gebildet werden können und somit über die Nahrung aufgenommen werden müssen.

Essenzielle Fettsäuren: Fettsäuren, die vom Körper nicht selbst gebildet werden können und über die Nahrung aufgenommen werden müssen.

F

Fisetin: ein in Erdbeeren vorkommender Pflanzenfarbstoff, der sich möglicherweise positiv auf die Gehirnfunktion auswirkt.

Flavonoide: eine Gruppe sekundärer Pflanzenstoffe, die antioxidativ wirken und mit den gesundheitlichen Vorzügen von Rotwein, Tee sowie Obst und Gemüse in Verbindung gebracht werden.

Folsäure: Form des B-Vitamins, die eine wichtige Rolle bei der Zellteilung spielt und damit besonders für Schwangere wichtig ist. Folsäure findet sich vor allem in Vollkornprodukten und grünem Blattgemüse.

Freie Radikale: Molekülteile, welche die menschlichen Körperzellen schädigen können. Sie entstehen bei bestimmten Zellprozessen und gelangen zudem von außen in den Körper, zum Beispiel durch Umweltgifte und Zigarettenrauch.

G

Glykämischer Index (GI): ein Maß dafür, wie stark ein Lebensmittel den Blutzuckerspiegel ansteigen lässt. Reiner Zucker hat einen GI von 100. Je niedriger der GI ist, desto langsamer erfolgt die Energieabgabe.

Glucosinulate: schwefelhaltige Verbindungen, die in Kohl zu finden sind und potenziell antikarzinogen wirken.

H

HDL (High Density Lipoprotein): Lipoproteine, die auch als „gutes Cholesterin" bezeichnet werden. Sie nehmen überschüssiges Cholesterin aus den Körperzellen auf und transportieren es zur Leber.

Hesperidin: ein in Zitrusfrüchten enthaltenes Flavonoid, das die Blutgefäße stärkt und das Risiko von Herzerkrankungen senkt.

I

Inulin: ein in Topinambur vorkommender besonderer Ballaststoff, der die Aufnahme und Speicherung von Magnesium sowie Calcium verbessert.

Isoflavone: Pflanzenfarbstoffe mit einer schwach geschlechtshormonellen Wirkung, die den Cholesterinspiegel positiv beeinflussen können. Man findet sie u.a. Soja und Alflafa.

K

Konjugierte Linolsäuren (CLA): zweifach ungesättigte Fettsäuren, die in Fleisch- und Milchprodukten zu finden sind.

Kreuzblütler: Pflanzenfamilie, zu der u.a. Gemüsekohl, Rosenkohl, Spinat, Brokkoli und Grünkohl gehören. Diesen Kreuzblütengewächsen wird eine antikarzinogene Wirkung nachgesagt.

L

LDL (Low Density Lipoprotein): Lipoproteine, die Cholesterin binden und durch den Blutkreislauf transportieren. Da sich das Cholesterin bei einem erhöhten LDL-Wert in den Blugefäßen ablagern kann, wird es auch als „schlechtes Cholesterin" bezeichnet.

Lektine: schädliche Inhaltsstoffe von Kidney-Bohnen, die durch starkes Erhitzen zerstört werden.

Lentinan: eine besondere Form von Beta-Glucan, die das Immunsystem beeinflussen kann und in Japan zur Krebstherapie eingesetzt wird.

Lösliche Ballaststoffe: vor allem in Hafer und Hülsenfrüchten enthaltene Ballaststoffe, die im Darm abgebaut werden können. Sie wirken sich günstig auf die Blutfettwerte aus.

Lutein: in Mangos und Kürbissen enthaltenes orangegelbes Carotinoid, das sich positiv auf die Sehfähigkeit auswirkt und das Risiko senkt, an altersbedingter Makula-Degeneration zu erkranken.

Lycopin: Carotinoid, ist in hoher Konzentration in Tomaten zu finden und das Risiko für Prostatakrebs senkt.

N

Nährstoffe: organische und anorganische Stoffe, die der menschliche Körper zur Lebenserhaltung benötigt. Die meisten davon werden über die Nahrung aufgenommen.

O

Omega-3-Fettsäuren: mehrfach ungesättigte Fettsäuren, die viele gesundheitliche Vorzüge haben, insbesondere für Herz und Gehirn. Sie finden sich in Fettfisch, Rapssamen und Soja.

Omega-6-Fettsäuren: mehrfach ungesättigte Fettsäuren, die in Sonnenblumen- und Maisöl enthalten sind. Sie senken den Cholesterinspiegel und das Risiko für Herzkrankheiten.

ORAC: Der ORAC-Wert zeigt, wie gut ein bestimmtes Nahrungsmittel die Oxidation anderer Substanzen verhindert und vor freien Radikalen schützt. Je höher der Wert, desto stärker die antioxidative Wirkung.

Oxalate: Verbindungen, die in hohen Mengen in Blattgemüse wie Rhabarber, Mangold und Spinat vorkommen. Sie können Magnesium und Calcium binden und so deren Aufnahme im Körper blockieren.

P

Papain: ein in Papayas enthaltenes Enzym, das als Zartmacher für Fleisch verwendet wird und eine verdauungsfördernde Wirkung haben soll.

Phytonährstoffe: Sammelbezeichnung für in Pflanzen enthaltene Substanzen, die gesundheitliche Vorzüge besitzen.

Phytate: in Getreide und Hülsenfrüchten enthaltene Verbindungen, welche die Aufnahme und Verarbeitung bestimmter Mineralstoffe wie Calcium, Eisen und Zink senken.

Phytoöstrogene: stark antioxidativ wirkende pflanzliche Stoffe, die beispielsweise in Sojabohnen, Alfalfa und Kichererbsen enthalten sind. Sie haben zudem eine hormonelle Wirkung, die hilft, den Cholesterinspiegel zu regulieren und negative Auswirkungen der Menopause zu mildern.

Phytosterol: ein natürlicher Cholesterinsenker.

Polyphenole: Verbindungen, welche die Körperzellen vor oxidativem Stress und vermutlich vor Herzkrankheiten schützen. Sie finden sich in Rotwein, Kakao und Erdnüssen.

Proanthocyanidin: ein in Kakao, Äpfeln und Rotwein enthaltenes Flavonoid, das u.a. die Nerven sowie das Herz-Kreislauf-System schützt und antikarzinogene Eigenschaften besitzt.

Q

Quercetin: ein starkes Antioxidans, das entzündungshemmend und antikarzinogen wirkt. Es findet sich in Äpfeln, Tee und blauen Weintrauben.

R

Resveratrol: ein in Weintrauben und Heidelbeeren enthaltenes pflanzeneigenes Fungizid, das entzündungshemmend sowie antikarzinogen wirkt.

Rosmarinsäure: im Rosmarin enthaltene Säure, die stark antioxidativ wirkt und sich möglicherweise positiv auf das Gehirn auswirkt.

S

Shoagol: ein geschmacksgebender Inhaltsstoff des Ingwers, der gegen Durchfall hilft.

Sinigrin: ein in Brokkoli und Rosenkohl enthaltener Phytonährstoff, der wegen seiner möglichen antikarzinogenen Wirkung derzeit verstärkt untersucht wird.

Solanin: in Kartoffeln und Tomaten enthaltene schwach giftige Verbindung. Der Gehalt in Kartoffeln steigt stark an, wenn diese lange Zeit dem Licht ausgesetzt werden.

T

Tannin: ein in Rotwein, Granatäpfeln und Beerenobst vorkommendes Polyhydroxiphenol, dem antibakterielle Eigenschaften zugeschrieben werden.

Theaflavin: vor allem in Schwarztee enthaltenes Polyphenol mit starker antioxidativer Wirkung.

Triglyceride: natürlich vorkommende Fette, die aus einem Molekül Glycerin bestehen, an dem drei Fettsäuren hängen. Ein erhöhter Triglyceridspiegel deutet auf einen gestörten Fettstoffwechsel hin.

Tryptophan: ein Vorprodukt von Serotonin, einem Neurotransmitter, der Gehirnaktivität und Schlafverhalten beeinflusst. Er findet sich in Eiern und Geflügelfleisch.

U

Unlösliche Ballaststoffe: Ballaststoffe, die Wasser binden, sich aber nicht auflösen. Sie erhöhen das Stuhlvolumen und regen die Darmbewegung an.

V

Vollkorn: Getreide, dem nach der Ernte nur Grannen und Spelzen entfernt wurden. Es enthält Kleie, Keim und Endosperm und somit alle Ballaststoffe, Vitamine, Öle und Mineralstoffe des Korns.

Z

Zingerol: im Ingwer enthaltene Verbindung, die gegen Übelkeit hilft und entzündungshemmende Eigenschaften hat.

Register